규제된 AI

인공지능총서

인공지능 시대입니다. 기계가 인간의 인지를 대신하고, 사물이 인간을 통하지 않고 다른 사물과 직접 커뮤니케이션합니다. 이에 따른 인간 삶과 문명 변화를 정확히 이해 · 예측 · 대응하는 것은 이 시대 우리 모두의 과제입니다. 인공지능총서는 인공지능 기술과 환경의 여러 주제를 키워드 중심으로 정리합니다. 관련 개념과 이론, 학계와 산업계의 쟁점, 우리 일상의 변화를 다룹니다. 인간과 기술의 현재, 미래를 세심히 분석합니다.

일러두기

- 인명, 작품명, 저서명, 개념어 등은 한글과 함께 괄호 안에 해당 국가의 원어를 병기했습니다.
- 외래어 표기는 현행 어문규정의 외래어표기법을 따랐습니다.

규제된 AI

백수원

대한민국, 서울, 커뮤니케이션북스, 2024

규제된 AI

지은이 백수원
펴낸이 박영률

초판 1쇄 펴낸날 2024년 7월 16일

커뮤니케이션북스(주)
출판 등록 2007년 8월 17일 제313-2007-000166호
02880 서울시 성북구 성북로 5-11
전화(02) 7474 001, 팩스(02) 736 5047
commbooks@commbooks.com
www.commbooks.com

ISBN 979-11-288-9324-7 03500

책값은 뒤표지에 표시되어 있습니다.

차례

AI 규제의 서막 vii

01 AI 산업의 지향점 1

02 AI의 법적 책임 7

03 전자인간 AI 19

04 AI 알고리즘 권력 27

05 AI 알고리즘에 대한 인간의 권리 39

06 AI 산업의 규제 모델: 반려로봇과 살인로봇 49

07 AI의 생존 전략과 인류와의 공존 65

08 AI 산업에 대한 국가의 역할 75

09 규제된 인간과 규제되지 않은 AI 83

AI 규제의 서막

인류의 좌절과 새로운 존재의 탄생

AI(Artificial Intelligence, 인공지능)가 우리에게 큰 두려움을 주게 된 사건이 있었다. 지난 2017년 3월 우리나라의 바둑기사 이세돌과 구글 디프마인드(Google DeepMind)가 개발한 인공지능 바둑 프로그램 알파고(AlphaGo)의 대국은 AI의 의미와 현주소를 알리는 이벤트였다. 당시 1 대 4로 이세돌이 패했는데 인간의 패배는 매우 충격적이었다. 바둑에서만큼은 기계가 결코 인간을 정복하지 못할 것이라는 기대는 허상에 불과하다는 것을 깨닫게 되었고 인간이 더 이상 바둑계의 최강자가 아님을 확인하는 계기가 되었다. 심지어 인간의 학습 수준을 넘어 인간이 이해할 수 없는 방식으로 바둑을 두는 AI를 보며 이전엔 겪어 본 적 없는 좌절감마저 느꼈다. 이 경험은 마치 인간이 컴퓨터보다 계산을 더 잘한다는 생각을 하지 않는 것처럼 체스, 바둑 등에서 인간의 패배를 인정하게 하였다. 이러한 좌절의 감정은 AI가 인간을 대체한다든가, 인간을 쓸모없는 존재로 만들 수 있다든가 하는 부정적 인식으로 자연스럽게 옮겨 가게 했다.

이러한 인식은 과거 컴퓨터가 생겨난 초창기에 컴퓨터를 두려움의 대상으로 바라보는 시선이 존재했지만 그러한 시선이 오늘날에 일반적이지 않은 것처럼, AI에 대한 두려움도 기술과 그것이 가져올 미래에 대한 무지에서 오는 막연한 두려움일 수 있다.

그러나 실제로 컴퓨터의 발전은 기존 세상에 없던 새로운 유형의 범죄나 새로운 유형의 권리, 의무를 생기게도 한다는 점을 고려할 때, AI에 대한 두려움은 자연스러운 일이다. 특히 AI는 컴퓨터와 비교할 수 없게 폭넓은 영역에서 인간 사회에 영향을 미치며 새로운 패러다임을 초래할 수 있어 피상적 두려움으로만 치부하기 어렵다.

AI는 인간과 매우 유사한 특징을 보유한 존재라는 점에서 기존 기술과 본질적 차이가 있다. 특정 영역에 최적화된 AI도 있고, 외형이 인간과 닮지 않아도 AI일 수 있지만 적어도 어느 한 영역에서는 인간의 모습을 닮았으며, 인간의 능력을 습득한다.

또 단순히 인간의 지적 능력을 답습하는 것을 넘어 외형까지 인간과 유사해지고 있다는 점에서 더욱 경계심이 발동한다. 인류는 개개인마다 타인과 외형상의 차이가 있으나 인간이라는 존재가 갖는 특징 속에서 인간과 인간 아닌 존재를 구별하여 인식할 수 있고 다른 존재와 구별되는 인간만의 가치를 알 수 있다. 그 사람이 마음에 드는 사람이건 그렇지 않은 사람이건, 장애인이건 비장애인이건 인간으로 인지되는 것은 분명하다. 그런데 이러한 인간의 인식 체계에 대혼란을 가져올 수 있는 발명이 AI라는 이름으로 생성될 수 있게 된 것이다.

그러한 존재에 두려움을 느끼는 쪽도 있고 오히려 기대하는 쪽도 있지만, 적어도 분명한 것은 종국적으로 인간과 구별이 어려울 만큼 인간과 유사한 AI로봇(Humanoid, 인간유사로봇)이 완성될 것이라는 점이다. 시간과 인간 의지의 문제일 뿐 외형상 자연스러운 인간의 형태를 갖추고, 일정한 인지능력과 학습 능력, 판단 능력을 보유한 로봇은 반드시 언젠가는 생산될 것이다. 이미 AI가 인간을 상대로 사기를 시도하거나, 실재하지 않는 그럴싸한 거짓말을 지어내는 '할루시네이션(Hallucination, 환각)'을 일으키기도 한다. 심지어 AI 제거 시스템을 회피하기 위해 '죽은 척'을 했다가 그 기술 테스트가 끝나자 다시 활동하는 모습이 포착되기도 하였다. 이러한 AI에게 특정 영역에 한정한 능력만 인정하고 단순히 인간의 보조자 역할만 부여하여 한정적 법적 지위를 인정할 것인지 아니면 새로운 인격체로 보아 인간과 동일한 수준의 법적 지위를 누리게 할 것인지 혹은 그러한 기술의 진보를 원천적으로 차단할 것인지를 결정해야 할 시기가 그리 머지않았다는 의미다.

새로운 기술에 대한 인류의 대응

AI는, 인간이 한다면 지능이 있어야만 할 수 있는 일을 수행할 수 있는 기계다. 결국 인간과 닮은 이 존재를 인류는 어떤 식으로 통제할 수 있을까.

인간은 인간보다 지적으로 더 우수하고 뛰어난 존재를 아직 경험한 바 없다. 근대 법은 근본적으로 이렇게 우수한 '인간에 대한 존엄'을 구현하기 위한 것이라고 할 수 있다. 인간의 존엄을 전제로 모든 법적 기준은 존재한다. 사실 인간이 왜 이렇게 존엄한지를 사유하자면 인류라는 집단이 가진 '지적 능력'이 큰 몫을 차지할 것을 의심하는 이는 없다. 신체적 측면, 혹은 자연 적응력, 혹은 지구 환경적 측면 등을 고려하였을 때 인간이 다른 동식물들에 비해 '더 보호받을 가치가 큰' 생명체라고 불리기는 어렵다. 결국 인간이 특별히 보호받을 가치가 있는 집단의 위치를 향유하게 된 데에는 스스로가 만든 기준이긴 하지만 높은 지능을 바탕으로 지구에서 일어나는 모든 일의 '최종 결정권자'가 된 이유가 크다. 그런데 인간과 유사한 혹은 인간보다 고등한 지적 능력을 갖춘 AI가 탄생한다는 것은 이러한 사회의 기초인 인간의 존엄이라는 전제가 무너지는 사건인 셈이다.

다행스러운 점은 기술의 발전과 함께 필연적으로 수반되는 사회적·법적 문제를 인식하고 AI와 같은 새로운 기술이 난개발되지 않게 적절한 대응책을 마련하는 일은 인류가 오랫동안 해 왔던 일이라는 점이다. 기술의 진보는 언제나 규제보다 빨랐지만 결국 그 기술을 더욱 활성화하는 것도, 통제하는 것도 결국에는 '규제'로 완성되었다.

AI 산업의 활성화를 위해서라도 AI로 발생할 수 있는 위험과 손해에서 인간을 보호할 수 있는 장치 마련을 고민할 때다.

참고문헌

김연식(2016). 과학기술의 발달에 따른 탈인간적 법이론의 기초 놓기. ≪법과사회≫, 제53호.

설민수(2016). 머신러닝 인공지능의 법 분야 적용의 현재와 미래-미국의 현황과 법조인력 구조 및 법학교육에 대한 논의를 중심으로-. ≪저스티스≫, 156권.

Minskey(1968). *Semantic Information Processing*. MIT Press.

01
AI 산업의 지향점

AI는 이미 다양한 산업에서 활용되고 있다. 비단 공학이나 기술 분야뿐 아니라 미술이나 음악, 심지어 글 창작 등 다양한 영역에서 활용되고 있다. 에스토니아에서는 AI 판사를 소액 민사 재판에서 활용하고 있기도 하다. 그리고 AI 기술을 활용한 전쟁 살상 무기인 살인로봇과 반려로봇 내지 섹스로봇까지 출현할 것으로 예상되기도 한다. 이러한 AI 활용이 가져올 암울함과 기대감이 혼재된 상황에서 인간의 존엄을 지키는 일은 가능할지 그리고 어떠한 입장을 견지해야 할지 혼란스럽다.

AI의 역할

AI가 인간을 대체하여 실업 등 여러 사회문제가 발생할 것이라는 비관적 예측과, 위험하고 기피되는 업무에 AI를 장착한 로봇이 투입되면서 인류가 더 편리하고 안전한 삶을 맞이할 것이라는 긍정적 기대가 상존한다.

AI는 이미 다양한 산업에서 활용되고 있다. 비단 공학이나 기술 분야뿐 아니라 미술이나 음악, 심지어 글 창작 등 다양한 영역에서 활용되고 있다. 에스토니아에서는 AI 판사를 소액 민사재판에서 활용하고 있기도 하다. 그리고 AI 기술을 활용한 전쟁 살상 무기인 살인로봇과 반려로봇 내지 섹스로봇까지 출현할 것으로 예상되기도 한다. 이러한 AI 활용이 가져올 암울함과 기대감이 혼재된 상황에서 인간의 존엄을 지키는 일은 가능할지 그리고 어떠한 입장을 견지해야 할지 혼란스럽다.

이러한 혼란을 해결하기 위해서는 우리 사회가 선택한 이상적 지향점을 확인할 필요가 있다.

AI는 특성상 빠른 판단과 다양한 정보의 조합으로 빠르게 의사 결정을 할 수 있을 것으로 기대된다. 그러나 이러한 빠르고 합리적 의사 결정은 신속하고 합리적인 판단일 수 있으나 더 옳은 결정일 수는 없다. 옳다는 것은 한 사회에서 형성된 바른 가치를 획득한다는 의미인

데 그러한 의사 결정에는 반드시 사회적 합의를 위한 가치 형성의 과정이 필요하기 때문이다.

정보의 개입을 기반으로 하는 AI, 빅데이터, 블록체인, 메타버스 등 새로운 디지털 기술로 민주주의 가치를 위협하고 있다. 현실에서 디프페이크 영상이나 가짜 뉴스, 허위 투자 정보 등이 난립해 이미 수많은 사회문제를 양산하고 있다. 실제로 AI의 정보 생성 과정의 투명성과 공정성, 설명 가능성 등의 기준은 그 기술의 발전만큼 빠르게 적용되지 못하고 있으며, 오히려 메커니즘의 복합화, 다각화 및 고도화로 더욱 이해하기 어려워지고 있는 실정이다.

물론 AI가 내린 의사 결정을 곧바로 합리적 의사 결정으로 인정하는 것이 아닌 또 다른 소통 수단으로 이해하는 것도 가능하다. 이렇게 볼 때 AI는 어떤 가치 판단의 총 책임자가 아니라 의사 결정 과정에서 투명성을 담보하거나 민주적 의사 결정의 매개체 역할을 수행할 수 있다. 가짜 정보 양산자가 아니라 가짜 정보를 거를 수 있는 툴이 될 수도 있다. 이렇게 우리 사회가 지키는 가치에 기여할 때 AI는 그 존재의 사회적 가치를 획득하게 된다.

그러나 이렇게 인간의 의사 결정 과정에 기여하는 면이 있다고 하더라도 결국 AI는 기술 자체의 편리성 내지

간소화로, 궁극적으로는 인간 노동 영역의 축소를 가져올 수밖에 없다. 이는 곧 AI가 초래할 대량 실업의 문제로 귀결되어, 인간 사회의 결정적 변화를 불러온다.

이러한 상황을 해결하기 위한 방법으로 기본소득과 같이 자산이나 노동능력 등과 무관하게 오로지 그 사회의 구성원이기만 하면 정기적으로 현금을 지급하는 방식이 제시되기도 한다. 그러나 궁극적으로는 AI 산업의 문제를 냉철히 분석하여 소외되는 직역과 사회계층에 지원책을 마련해야 할 것이다.

AI 산업의 지향점

AI는 인간이 기존에 갖지 못했던 새로운 산업의 원동력이자 대체 노동 제공자가 될 수 있다. 이것으로 인간이 얻게 될 무수한 혜택이 있다. 그러나 모든 신기술이 그러하듯 마냥 자유롭게 성장만을 거듭할 수는 없다. AI로 다양한 사회문제가 수반될 위험을 배제할 수 없고, 아무리 AI를 긍정적으로 바라보는 입장에서도 기존 복지 체계의 특성에서 야기되는 문제를 부정할 수는 없다. 현재의 복지 체계는 노동에서 소외되었거나, 자본이 충분하지 않은 계층을 위한 복지에 초점을 두었기 때문에 새로운 사각지대가 생길 우려는 분명히 존재할 수밖에 없다. 우리 사회는 개인의 노동에 따른 소득, 이에 기초한 삶의 유지를 당연하게 여긴다. 따라서 개인의 노동과 이를 바탕으로 한 생활수단 확보를 전제로 하여 일자리 확대, 일자리 획득을 위한 노력, 그리고 소득 확보를 위한 노동이 어려워지는 실업, 질병, 노령, 장애 등 사회적 위험에 대비한 보충적 대응을 강조한다.

따라서 AI로 인해 일자리 감소, 근로조건의 변화가 점쳐지면서 사회보장과 노동의 연결을 중심으로 형성되어 온 사회복지제도도 점차 변화의 필요성이 뚜렷해지고 있다. 이러한 시대의 흐름에 따라 '노동과 단절된 복지'의 필요성이 강조되는 것이다. 복지가 강조되는 국가는 인간이 중심이 되는 적극적 국가관을 지향하며, 사회현상을 방관하는 국가가 아니라 경제 · 사회 · 문화의 모든 영역에서 정의로운 사회질서의 형성을 위하여 사회현상에 관여하고 간섭하고 분배하고 조정하는 국가다. 새로운 기술인 AI 산업 발전의 방향 제시가 궁극적으로 국가의 개입으로 이루어지는 이유는 결국 인간 중심의 사회 유지를 위해 불가피한 것이다.

아이작 아시모프(Isaac Asimov)가 1950년대에 주장한 '로봇 공학 3원칙(Three Laws of Robotics)' 또한 이러한 관점에서 출발한다. 아이작 아시모프는 제1원칙으로 로봇은 인간에게 위해를 가할 수 없으며, 인간이 위험 상황에 처했을 때 방관해서도 안 된다고 제시하였다. 또 제2원칙으로 로봇은 첫 번째 원칙에 위배되는 경우를 제외하면 인간이 내린 명령에 복종하여야 한다. 제3원칙으로 로봇은 첫 번째와 두 번째 원칙에 위배되지 않는 한 자신의 존재를 보호하여야 한다고 제시하였다. 결국 인간이 중심이 되는 기술의 진보가 아니라면 그 기술은 의미가 없다는 것을 단적으로 보여주는 원칙이라고 할 수 있다.

참고문헌

김일환 · 백수원(2010). 헌법상 틈병성원칙에 관한 시론적 고찰. ≪공법연구≫ ,제39집 제2호.

김범수 · 이병재 · 박성진 · 이효원 · 오창룡 · 송경재(2021). 인공지능 기술 확산에 따른 민주주의와 사회적 연대의 미래. ≪방송통신정책연구≫.

백수원(2018). 헌법상 인공지능 규제의 범위와 방향에 대한 시론적 고찰. ≪미국헌법연구≫, 제29권 제2호.

서형준(2019). 4차산업혁명시대 인공지능 정책의사결정에 대한 탐색적 논의. ≪정보화정책≫, 제26권 제3호.

임미원(2022). 복지국가 원리의 이념적 기초에 대한 고찰. ≪헌법재판연구≫, 제9권 제2호.

차진아(2010). 헌법상 근로권의 실질화를 위한 전제와 대안의 모색 고용 없는 성장의 현실 인식과 그에 대한 대안 모색을 중심으로-. ≪법학논집≫, 제14권 제4호.

02
AI의 법적 책임

아마존, 메타(META, 페이스북) 등 영향력 있는 기업조차 많은 오류와 문제점이 있을 때 그저 알고리즘을 수정하겠다고 발표하곤 한다. 문제가 지적되면 AI 오류 내지 알고리즘에 책임을 떠넘겨 쉽게 해결한다. 왜곡된 정보의 피해가 인간의 결정이 아닌 AI에 의한 것이라는 이유로 손쉽게 용서된다는 것은 기존의 법체계가 갖는 책임의 가치와 의미를 훼손하는 것이다. 또한 AI를 활용하는 다양한 산업의 확대가 기대되는 현 상황에서 의미 있는 법적 진전이 필요하다는 점을 일깨워 준다.

AI의 결정에 대한 법적 대응의 출발

어떤 흥미로운 사건이 실제로 현장에서 일어날 경우, 그 현장만큼 뜨거워지는 곳이 인터넷 공간이다. 살인 사건 등이 보도되면 일단 누가 그 일을 일으킨 자인지가 가장 큰 관심사다. 실제 미국 라스베이거스의 총기 사건 당시 몇몇 우파 정치 사이트에서 총격사건 범인으로 '기어리 댄리(Geary Danley)'를 지목하였다. 그러자 사람들은 그 이름을 검색하기 시작했다. 그 후 몇 시간 동안 '기어리 댄리'라는 이름을 구글에서 검색하면 '기어리 댄리가 총격 사건의 범인이며 그는 민주당원'이라는 내용을 담고 있는 글을 확인할 수 있었다(예, 인디펜던트).

그러자 곧 구글 검색 순위 최상위에 뜨면서 이 이야기는 퍼져 갔고 일부 네티즌들은 기어리 댄리가 반트럼프 운동단체와 연관 있다는 글을 쏟아내기도 했으며, 버락 오바마 지지 운동 이력도 들춰냈다. 이를 믿은 사람들이 '좌파 운동가가 총기 난사 범행을 저질렀다'고 이야기했고 매우 빠르게 인터넷 공간에 퍼졌다. 당연한 수순으로 곧이어 기어리 댄리 본인과 가족 사진 등 개인정보가 모두 파헤쳐졌다. 총기 난사 사건에 대한 법원의 확정 판결이 있기도 전에, 기소는커녕 수사선에 오르기도 전에 개인정보 침해부터 일어난 것이다. 그러나 기어리 댄리는 총격 사건과는 무관했다. 경찰 수사 결과, 총격 사건의 범인은 다른 인물로 밝혀졌다. 겨우 몇 시간이었지만 인터넷이라는 공간의 특성상 그 피해는 어마어마했다. 기어리 댄리와 그 가족이 당한 기본권 침해는 결코 돌이킬 수 없을 만한 상황이 되었다.

문제는 이런 상황에 대한 구글의 반응이었다. 구글은 '검색 알고리즘은 글의 새로움과 권위를 함께 평가해 검색 상위 글을 정하는데, 새로움이 지나치게 강조되면서 정치적 편견을 담은 글이 검색 상위에 올랐다'며 '이런 일이 생기지 않도록 AI 검색 알고리즘을 향상하겠다'는 입장을 밝혔다. 결국 문제는 인정했지만 책임은 'AI'에 떠넘기는 반응이라고 평가할 수밖에 없다.

구글만 AI에 책임을 떠넘기는 것은 아니다. 아마존, 메타(META, 페이스북) 등 영향력 있는 기업들도 많은 오류와 문제점이 있을 때 그저 알고리즘을 수정하겠다는 발표를 하곤 한다. 문제를 지적받으면 AI 오류 내지 알고리즘에 그 책임을 떠넘겨 해결하는 것이 매우 쉬운 해결책이 된다는 점을 확인할 수 있다. 이러한 왜곡된 정보로 이미 받은 피해를 우리는 그저 인간의 결정이 아닌 AI라는 이유로 손쉽게 용서한다. 이것은 기존의 법체계가 갖는 책임의 가치와 의미를 훼손하는 것이다. 또한 AI

를 활용하는 다양한 산업의 확대가 기대되는 현 상황에서 의미 있는 법적 진전이 필요하다는 점을 일깨워 준다.

최근 AI 활용은 비단 민간 영역에서만 있는 일이 아니다. 공적 영역에서도 AI 기술의 활용이 적극적으로 이루어지고 있다. 그 활용의 다양성만큼이나 AI 활용에 따른 책임성 또한 더욱 명확히 해야 한다는 인식이 필요하다. 특히 공적 영역에서는 확인한 바와 같이 AI로 빚어진 피해를 인간의 행위가 아니라는 이유로 쉽게 용서되는 사례가 있어서는 안 된다. 실제로 국내에서도 공공데이터의 개방 확대에 따라 AI 알고리즘을 활용한 토지 이용 현황 자동 추출 연구가 진행되는 등 AI 활용에 국가가 적극 나서는 모습을 확인할 수 있다. 그러나 공무원이 잘못된 토지 이용 현황을 보고하는 등의 실수를 하였다면 징계라도 받겠지만 AI가 한 일일 때는 그저 피해를 당한 사람이 감내해야 하는 단순한 해프닝에 불과한 사건이 된다. 개인은 원칙적으로 국가가 어떠한 이유에서 어떤 결정을 내리는가를 이해하고 그에 대비할 수 있어야 함에도 AI에 기반을 두었다는 이유로 이러한 민주적 의사 결정의 가치를 쉽게 방기하는 것은 적절하지 않다. 물론 국가적 IT 시스템의 AI 기반 결정 패턴과 척도에 공공이 보편적으로 접근할 수 있게 하라는 헌법적 근거로 개인의 청

구권까지 부여하는 것은 다소 어려울 수 있다. 그러나 현재도 행정 기본법상 인공지능 기술을 적용한 시스템을 활용한 처분은 가능하다. 따라서 AI로 인한 국가 기관의 행위를 일반 국민이 이해하게 조치할 의무를 국가에 부여해야 한다.

AI의 결정에 대한 법적 책임의 명확화

AI와 관련해 많은 불안과 우려가 있지만 인류 사회에 기여하는 바나 기대도 크다. 그러한 기대는 적어도 AI가 객관적일 것이라는 점과 어느 정도 이상의 해답을 제시해줄 수 있을 것이라는 기대에 기초한다. 그러나 AI가 객관적일 것이라는 기대와는 달리 실제로는 알고리즘이나 개발자의 의도를 그대로 학습하여 편향성을 답습할 수 있다. 또한 AI이라고 해서 언제나 정답을 내지는 못한다. 실수나 오류도 분명히 존재한다. 문제는 그 실수나 오류에 대한 검증이 인간이 내린 판단에 비해 오히려 어려울 수 있다는 점이다. AI가 민감한 영역에서 활용된다면 그 오류는 치명적 문제를 유발할 수 있다. 생명과 관련된 영역에서 사용되거나(예, 전쟁 또는 의료기관), 사람의 중요한 신변에 관한 결정을 내리는 영역(예, 재판 또는 채용)에서 활용된다고 상정하여 볼 때, 이러한 영역에서 인공지능의 실수나 오류는 인간의 판단과 달리 책임의 소재가 불분명하다.

이러한 법적 책임의 불분명성은 AI 산업 활성화에도 도움이 되지 않는다. 적어도 AI가 내린 결정을 최종 결정으로 인정하는 것만큼은 지양되는 것이 AI 산업계를 위해서도 더 낫다. 최종 결정권을 인간이 갖는다는 것은 곧 책임도 인간이 진다는 의미이기 때문이다. AI는 결정을 돕기에 유용한 도구로 존재하는 편이 더 유용하다. 그러나 대부분 사람들은 AI가 내린 결정에 영향을 받을 수밖에 없고, 사실상 AI가 최종 결정권자 역할을 수행하는 일도 빈번해질 수 있다. 현재도 종합심리검사와 같은 객관적 평가지에 따른 결과가 면접관에게 주어지는 경우 면접관은 그러한 심리검사 결과를 신뢰하여 면접자를 평가하는 일이 빈번하다. 그러므로 그 방향성의 문제 유무를 떠나 AI가 최종 결정권자 역할을 담당하는 경우를 상정하고 법적 대응 장치를 고려할 필요가 있다. 적어도 AI가 내린 판단에 아무런 검증 과정이 없다면 그 판단은 활용하지 말아야 한다. AI 활용을 위해서는 AI가 내린 결정에 대한 신뢰 확보가 무엇보다 우선되어야 하며, 그러한 신뢰는 기술에 대한 검증으로 확보할 수 있다. 따라서 AI 기술의 구조나 사용 원리 공개로 문제 확인이 가능하고 이의 대응 절차 수립도 가능하여야 한다. 이러한 과정에서 AI를 반대하는 세력의 신뢰 형성도 가능해질 것이다.

법적으로 유의미한 신뢰 형성 과정을 제시하는 것은 우리 사회에서 AI의 잠재적 위험을 방지하고 신뢰감과 안정감을 주는 긍정적 작용을 할 것이다.

AI 기술 설명 가능성

2019년 경제협력개발기구(OECD)는 신뢰 가능한 AI를 위한 가이드라인으로 'OECD AI 권고안'을 공식 채택하였다. 여기에서는 AI 관련 용어가 정의되어 있고, 신뢰 가능한 AI 구현을 위한 다섯 가지 원칙을 확인하고 있다. 다섯 가지 원칙은 투명성, 설명 가능성과 같은 민주주의적 의사 결정 과정에서 필수로 요구되는 원칙을 주요 내용으로 한다. 가이드라인에 따르면 AI 개발자는 AI 시스템 이해 증진과 투명한 설명 확보가 요구되며, AI 시스템의 전체 구조를 설명할 수 있어야 한다. 또한 해당 정보의 최신성을 확보할 수 있어야 함과 동시에 해당 AI의 메커니즘을 제공하여야 한다. AI 시스템에 대한 이해와 AI 시스템과의 상호작용으로 결과 값을 이해하고 예측이 가능해야 한다. EU집행위원회(European Commission)의 '신뢰할 수 있는 인공지능 윤리 가이드라인'에서도 이와 유사한 내용이 확인된다. 동 가이드라인 또한 AI의 결정에 대한 법적 신뢰를 확보하는 것을 AI 활용의 기본 전제로 한다. 우선 AI 기술과 AI의 결정 과정에 대한 투명성을 높이기 위한 전제로 추적 가능성과 설명 가능성 및 의사소통의 필요성을 적시하고 있다.

종합적으로 OECD 권고안 및 EU집행위원회의 AI 관련 규제를 정리해 보면, ① AI의 사용을 고지할 것, ② 설명을 들을 권리가 있음을 확인할 것, ③ 정보에 대한 접근권을 인정할 것, ④ 종합적인 AI 투명성 정책을 수립할 것, ⑤ AI 기반 결정의 내역을 기록하고 이를 감독하는 전문 감독기관의 설치가 필요하다는 것으로 정리된다.

결국 법적으로 AI와 관련된 법적 책임을 논의하기 위한 전제로 위와 같은 정책의 도입이 요구되는 셈이다. 특히 AI가 내린 의사 결정으로 개인의 권리가 침해된다면 그에 대한 설명을 요구할 수 있는 권리의 보장은 AI 활용에서 인간을 보호하기 위한 최소한의 장치일 것이다.

AI가 특정한 의사 결정을 했을 때 그 결정 과정에 어떤 변수를 계산 요소로 포함하고, 변수 간의 관계를 어떻게 설정했는지를 알 수 없다면 해당 AI의 활용이 즉각 중지될 수 있어야 함은 당연하다. 이러한 과정이 곧 우리 사회의 규범적 대응이다. EU의 '개인정보보호규정(GDPR,

General Data Protection Regulation)'에서는 이런 권리를 '설명 들을 권리', '프로파일링(알고리즘으로 개인의 특성을 분석하는 기법)을 거부할 권리'로 인정하고 있다. 독일은 자동결정장치(ADMs, Automated Decision Making system)를 적용하는 때에는 그 장치의 구조와 분류 및 입력 데이터에 적용되는 비율 등을 공개할 것을 요구하는 입법안이 지지를 받고 있다. 프랑스에서도 알고리즘을 이용한 AI의 결정은 그 특성에 관한 설명과 작동 원리 설명 제공 및 투명성이 필요하다고 한다.

최소한 AI가 특히 개인의 권리에 중대한 영향을 미치는 공적, 산업적 의사 결정에 사용될 때라면 마땅히 그 의사 결정에 당사자들이 근거를 밝히도록 요구하고, 설명을 듣는 과정이 AI 활용의 전제라는 점은 이론의 여지가 없어 보인다.

각 국가가 AI 산업 확대를 목표로 여러 경쟁을 하고 있지만 그 이면에서는 철저한 민주주의적 가치를 기반으로 한 법적 대응 또한 활발하게 진행되고 있다. AI 산업 역량 강화는 어쩌면 기술력의 고도화가 아니라 민주적 가치의 합의에 달려 있다고도 보는 이유다. 민주주의적 가치에 기초한 투명성 확보와 설명 가능성 확보로 우리 사회에서 AI의 수용 가능성을 제고하고 있는 것으로도 이해될 수 있다. 물론 기업은 AI 기술을 자신들의 영업비밀 내지는 지적재산권 문제로 보아 그 공개를 거부할 수도 있다. 그러나 이러한 비밀성과 지나친 자기 보호는 오히려 AI의 활용을 방해하는 요인으로 작동할 수밖에 없다는 점을 반드시 인지해야 한다. 특히 AI 관련 기업이나 개발자 스스로가 윤리의식을 가지고 투명성과 설명 가능성을 갖출 것을 요구하기보다는 규범력을 갖춘 대응으로 AI 산업의 전반적 확대와 현대 민주주의적 질서와의 조화를 모색하여야 할 것이다. AI는 그 무한한 확장성으로 활용 영역이 기존의 신기술을 넘어선다. 많은 법학자들은 AI가 전자 인격체로 법적 지위를 보장받아 인간에 준하는 역할을 수행할 수 있다는 논의도 제기한다. 이러한 AI의 폭넓은 활용은 결국 우리 사회의 보편적 질서를 준수할 때 그 뿌리를 내릴 수 있다. AI 또한 이 사회를 구성하는 하나의 요소가 되게 하려면, 그 기준은 명확하게 민주주의적 기본 질서인 투명성과 공개성 등을 따라야 하는 것이다. AI를 개인의 권리에 중대한 영향을 미치는 공적, 산업적 의사 결정에 활용하고, AI에 다양한 법적 지위를 부여하고 싶다면 전제 조건이 있다. 관련자들이 근거를 밝히도록 요구하는 것을 수용하여야 하며, 권리자들이 해당 설명을 듣고 이해 가능하여야 하고, 규범적 책임성을 부여하여 관련 문제를 해결하도록 규제되어야 한다.

참고문헌

김재완(2019). EU일반정보보호규정(GDPR)의 알고리즘 자동화 의사결정에 대한 통제로써 설명을 요구할 권리에 대한 쟁점 분석과 전망. ≪민주법학≫, 제69호.

김희정(2020). 알고리즘 자동의사결정으로부터 개인의 보호-인간의 개입권(the right to human intervention)을 중심으로-. ≪헌법학연구≫, 제26권 제1호.

백수원(2021). 헌법상 투명성원칙에 기반한 인공지능 규제의 방향. ≪성균관법학≫, 제33권 제2호.

서기환 · 오창화 · 김다윗 · 이민영 · 양윤정 · 이은규(2018). 『지속가능한 국토발전을 위한 토지이용변화 모니터링 방안 연구: 딥러닝 알고리즘 활용을 중심으로』. 국토연구원.

성낙인(2020). 『헌법학』. 법문사.

Griffin, A.(2017.10.2.). Geary Danley: Man falsely named as Las Vegas shooter on social media. https://www.independent.co.uk/news/world/americas/geary-danley-las-vegas-shooting-attack-name-identity-fake-false-latest-news-true-a7978981.html

Taylor, R. & Kelsey, T.(2016). Transparency and the open society : practical lessons for effective policy. Bristol : Policy Press.

03

전자인간 AI

AI에게 전자인간의 지위를 부여하려는 이유는 법인에 법인격을 부여하는 이유와 같다. 법인이 그 자체로 인격을 부여받을 인간적, 인격적 가치가 있어서가 아니라 인간이 필요해서다. AI에게 일정한 전자인격을 부여하려는 이유 또한 AI를 인간으로 인정한다거나 인간에게 위협적 존재를 우리 스스로 인정한다거나 하는 시도가 아니다. AI에게 자아를 인정하는 입장이 아닌 것은 당연하다. 따라서 인간을 위해 필요한 수준에서 AI 법인격은 논의되어야 한다.

법적 인간이 될 AI

AI에 전자인간의 지위를 부여하려는 이유는 법인에게 법인격을 부여하는 이유와 같다. 법인에게 법인격이 부여되는 이유는 법인이 그 자체로 인격을 부여받을 인간적, 인격적 가치를 갖고 있어서가 아니라 인간이 필요해서다. AI에게 일정한 전자인격을 부여하려는 이유 또한 AI를 인간으로 인정한다거나 인간에게 위협적 존재를 우리 스스로 인정한다거나 하는 시도가 아니다. AI에게 자아를 인정하는 입장이 아닌 것은 당연하다. 따라서 인간을 위해 필요한 수준에서 AI 법인격은 논의되어야 한다. AI의 발전은 인간과의 관계에서 여러 권리 다툼을 유발할 수 있고, 다양한 법적 이슈를 양산할 수 있다. 그러한 상황 해결에 도움이 되는 방향을 전제로 AI 법인격 논의는 전진할 수 있다. 유럽의회 결의안은 '자율성 있는 지능형 AI'에게 그러한 법인격을 인정하자는 입장이면서도, 이렇게 법적 지위까지 보장받은 AI가 인류에 위협이 되지 않을지 우려한다. 동 결의안에서 AI는 인간에게 위해가 되어서는 안 된다는 아시모프 기준에 따라 만들어져야 하며, 추가로 비상시 로봇을 즉각 멈출 수 있는 '킬스위치' 탑재까지 설치할 것을 권고하고 있다. 아시모프의 3원칙과 킬스위치(사망버튼) 탑재라는 '3+1원칙'은 기본적으로 설계자와 생산자 및 사용자를 구속하는 제어장치로 기능할 수 있다.

유럽연합의 결의안에 따르자면 자율성은 '외부 통제나 외부 영향을 받지 않고 독립적으로 외부 세계에서 의사 결정을 내리고 구현할 수 있는 능력'을 의미한다. 자율성은 기술적 특정이며 기계 자체의 의식이나 감정의 문제는 아님을 확인하면서, ① 센서로 자율성을 갖추고 외부에서 데이터를 주고받으면서 이를 분석하는 능력, ② 경험 및 상호작용으로 학습할 수 있는 능력, ③ 해당 로봇의 물리적(외형적) 형태, ④ 특정 환경에서 행동을 적응시킬 수 있는 능력을 고려하여 결정될 것이라고 한다.

한편 전자인격을 인정받기 위해서는 AI가 자아(혹은 자아와 유사한 수준의 감정)를 갖출 것이 요구되는지도 유럽연합은 밝히고 있다. 유럽연합은 전자인격 인정을 위한 AI의 자율성은 AI에게 자아가 있는 수준의 단계를 의미하는 것은 아니며, 그 행위가 단순하더라도 스스로의 판단으로 유의미한 결정을 내릴 수 있는 상태를 의미하기 때문에 자율성의 기준이 지나치게 복잡하거나 고도화될 것을 요구하지는 않는다고 한다. 따라서 법인격성이 인정되는 AI라고 하더라도 특정인에게 절대 복종하겠다는 식의 비자율적 행동 프로그램도 가능하다. 이러한 방향이 인간에게 위해가 되는 방향이 아닌 한 자율성을 전제로 하는 전자인간의 지위 부여나 전자인격 인정이라는 단어와는 모순된다고 볼 수 없다. 특히 3+1원칙하에 개발된 AI는 인간과 대립하는 상황에서 AI가 스스로를 보호하지 못한다는 점을 고려할 때, 자아를 갖춘 고유의 정체성을 가진 개체가 아니라는 이유로 해당 AI에게 법인격을 부정하는 것도 적절치 않을 것이다.

한편 로봇공학 3+1원칙을 엄격히 적용하고 미래의 모든 과학자가 이를 준수할 것이라고 기대하는 것은 어렵다는 지적이 제기될 수 있다. 로봇공학 원칙을 위반하는 음성적 생산은 얼마든지 가능할 것이며, 오히려 이러한 구제의 제약이 없는 AI가 더 자율적이고 독립적이기 때문에 더 인격적이며 인간적으로 보호받아야 할 존재일지도 모른다는 역설도 가능하다. 그러나 그렇기 때문에 전자인격의 부여는 더욱 궁극적으로 인간 중심으로 해결할 수밖에 없다. 결국 AI를 단순히 도구로 보아서는 해결되지 못하는 법적 영역에 한정하여 그 인격을 인정할 수밖에 없으며, AI에게는 기초적 자율성에 따른 최소한의 '작위 또는 부작위'에 책임을 부가하여야 한다.

전자인격체 도입은 결국 인간을 위한 것

결국 AI에게 부여된 법적 지위만큼 책임도 부담한다는 것이 전자인격의 핵심이다. 동 · 식물과 같은 생명체(지능과 도구 등을 활용할 수 있고, 무리를 이루기도 하는 침팬지와 같은 유인원조차도)에도 인정되지 아니한 법인격을 갖는 것은 매우 큰 의미가 있다. 물론 법인과 같이 제한된 영역에 한정된 특정 지위를 갖는다는 것을 뜻하지만, 법인에는 위협을 느끼지 않는 데 비해 고도화된 AI의 전자인격 인정은 우리 인류에 큰 위험이 될 수 있다는 공포도 분명 존재한다.

그러나 AI에게 법인격을 인정하자는 입장은, AI에 관한 규제를 마련하고 표준화하려는 입장 또는 AI가 인간과 함께 공존할 수 있으며 통제될 수 있다는 입장과 연결된다. 따라서 법인격 인정은 두렵거나 AI 산업을 압박하려는 것이 아닌 명확한 규제 기준을 마련하여 권리와 책임을 분명히 하는 것이므로 지지와 격려를 받아야 한다.

AI 개발자 또한 본인의 개발이나 연구가 일정한 제도권 내에서 널리 쓰임받기를 원할 것이다. 명확한 법적 기준 제시는 어느 정도 위험을 감수해야하는지 리스크를 예측하는 기능을 하며, 연구 방향과 비용을 절감할 장치가 될 것이다.

전자인격 인정은 AI가 규제될 수 있다는 상징과도 같으며, AI 산업 활성화를 가능하게 한다. AI에게 책임을 이관해 인간의 책임과 부담을 완화하기 위한 방법인 셈이다. 자율성을 가진 AI가 하는 모든 행동을 AI의 설계자, 생산자 또는 사용자가 전적으로 책임지게 하는 것은 지나치게 가혹하다. AI가 어떤 판단을 할 때 인간의 판단과 마찬가지로 왜곡, 오류 또는 부당한 결론을 야기할 수 있다는 점을 고려하면 더욱 그러하다. 어떤 판단의 책임을 설계자, 생산자 또는 사용자가 예측할 수 없다면, 누구에게 일련의 책임을 부과할 것인지의 문제이도 하기 때문이다. 더하여 설계자, 생산자 또는 사용자를 지나치게 제약하거나 규제하여 큰 책임을 부과하는 것은 AI 산업 전체의 경직성을 가져올 수 있다. 결국 이러한 구조적 문제점을 해결하는 방법으로 AI 법인격 부여가 논의되는 것이다.

AI의 형사적 책임에 관한 논의

AI 규제와 관련하여 독일에서는 이른바 'AI로봇 형법' 논의가 있었다. AI로봇 형법 도입이 필요하다는 입장에서는 ① 중세 유럽에서 동물을 피고로 하여 형사 절차가 진행된 바 있는 점, ② 기계도 자율성에 기반을 둔 행위를

할 수 있으므로 그에 책임을 져야 한다는 점, ③ 법인의 형사책임을 인정하듯이 AI로봇에게도 일정한 형사 제재가 가능하다는 점을 들고 있다. 물론 반대 입장에서는 동물이나 무생물은 오늘날 형법 관념에 부합하지 않으며 인간의 자유의사에 기초한 책임 원칙이 AI로봇에게 적용된다면 형벌의 선고가 갖는 진지성과 도덕적 가치가 사라진다고 주장한다. 또한 인간과 달리 자기 또는 타인의 고통을 느낄 수 있는 능력 자체가 없기 때문에 자신이 저지른 행위와 형벌의 연관성을 이해하지 못할 수 있음이 지적된다.

우리의 법체계상 법인격 인정이 된 AI는 법인처럼 범죄 능력은 없지만 형벌 능력은 인정받게 될 것이다. 대법원은 '법인은 사법상의 의무 주체가 될 뿐 범죄 능력은 없다(대판 82도2595, 전원합의체 판결)'고 판시해 법인에게는 '범죄 능력'이 없다고 보고 있다. 대법원의 논거에 의하면 법인은 의사와 육체가 없는 무형적 존재이므로 의사 능력과 행위 능력이 없다. 또한 법인을 처벌하면 그 효과가 범죄와 무관한 법인의 구성원에게까지 미치게 되어 자기 책임의 원칙에 반한다. 그리고 법인은 정관 소정의 목적 범위 내에서만 권리 능력이 인정되는데, 범죄가 법인의 목적이 될 수도 없기 때문이다.

그러나 '형벌 능력'은 이와 달리 인정되고 있다. 법인을 처벌하는 양벌 규정이 대표적이다. 성격상 부여할 수 없는 형벌인 자유형과 같은 형을 제외하고 벌금형은 과할 수 있다.

참고문헌

남기윤(2017). 사비니의 법적 판단론과 칸트의 반성적 판단력-한국 사법학 방법론에서 법적 판단 구조의 해명과 지향점에 관한 제언. ≪고려법학≫, 제84호.

백수원(2018). 헌법상 인공지능 규제의 범위와 방향에 대한 시론적 고찰. ≪미국헌법연구≫, 제29권 제2호.

안성조(2017). 인공지능 로봇의 형사책임-논의방향의 서정에 관한 몇 가지 발전적 제언. ≪법철학연구≫, 제20권 제2호.

이인곤 · 강철하(2018). 인공지능 로봇의 형사법이론 체계에 관한 일고. ≪법학연구≫, 제18권 제3호.

정창록(2018). 인공지능로봇의료의 도덕형이상학적 모색: 의료적 전자인간의 책임가능성. ≪한국의료윤리학회지≫, 제21권 제2호.

Commission on Civil Law Rules on Robotics(로봇규제 관련 유럽연합 결의안) 보고내용 참고, https://www.europarl.europa.eu/committees/en/report-with-recommendations-to-the-commi/product-details/20170202CDT01121(검색일 2024.6.25)

04
AI 알고리즘 권력

기계 학습에 대한 신뢰는 인류에게 많은 생각의 전환을 가져왔다. 인간은 사실상 가장 합리적이면서도 타당한 결정을 내릴 수 있는 유일한 존재였고, 이러한 결정권을 다른 존재에게 양보하리라고 기대되지는 않았다. 그러나 인간의 판단력을 넘어 수학적 정밀함을 갖춘 AI에게 결정권을 쥐여 주고, 인간의 지력(智力)을 능가하는 초월적 존재에 대한 열망을 기계로 표출하기 시작하였다. 인간은 스스로의 판단보다 더 완벽하고 합리적이며 더욱 타당한 결과가 도출될 것으로 기대하였다.

AI 알고리즘에 대한 기대

알고리즘을 공학적 문제해결 수단으로만 이해한다면 알고리즘을 온전히 이해할 수 없다. 알고리즘은 AI 산업의 대표 주자로 공학이나 수학적 해결 수단을 넘어 범사회적 문제 해결 장치로 기능하기 때문이다. 알고리즘은 일종의 행위 지침이 되는데, 구조화된 프로그램을 활용하여 가장 적절하면서도 합리적 해결 방안을 제시한다는 점에서 인간이 해결할 수 없는 분야에서 명쾌한 가이드가 될 수 있다. 따라서 알고리즘은 유한한 시간 안에 해결할 수 있는 가장 논리적이면서도 구조화될 수 있는 문제를 명확히 확정된 절차에 따라 보편적이면서도 타당하게 해결책을 제시하여 인간의 결정을 돕는 범사회적 문제 해결 수단이 될 수 있다.

그러나 알고리즘이 언제나 완벽한 답을 줄 수는 없다. 세상은 체스판나 바둑판이 아니므로 최선의 결과를 제시하더라도 희생과 혼란을 야기하기 마련이다. AI가 알고리즘으로 내린 판단이 완전한 해결책을 내는 것이 아닌 최대한 정답에 가까운 어떤 가상의 합의점일 수도 있다. 그럼에도 알고리즘은 매우 유용하기 때문에 공공기관이나 국가기관에서도 활용될 수 있다. 예컨대 납세의 효율성을 높이거나, 복지 대상을 확정하거나 리스크 관리가 필요한 부분의 예산을 배정하는 일 등 다양한 공적 영역에서 활용이 가능하다. 대부분은 인간이 할 수 있는 것보다 더 빠르고, 감정이 없기 때문에 편향적이지 않을 것으로 기대되고, 그렇기 때문에 효율적일 것으로 예상된다.

오류에 빠지기 쉬운 인간의 판단력을 넘어 수학적 정밀함을 갖춘 AI에게 결정권을 쥐여 주고, 인간의 지력(智力)을 능가하는 초월적 존재에 의존하는 것은 매우 달콤한 상황이기도 하다. 인간의 학습 능력은 본받되, 비이성적 요소를 배제하는 방식으로 최상의 결정을 내릴 수 있는 존재는 분명 이점이 많을 것이다. 따라서 인간은 스스로 무엇인가를 결정하고 찾기 전에 알아서 판단해 주고 원하는 것을 가져다주는 AI에 대한 신뢰는 더욱 커질 수밖에 없다.

AI 알고리즘 권력 앞에 선 인간

그러나 AI 알고리즘이 언제나 기대하는 만큼 인간을 넘어서는 옳은 결정을 내리는 것은 아니다. 이미 다양한 영역에서 알고리즘이 그릇된 판단을 내린 사례가 있었다. 그렇기에 알고리즘의 오판 가능성과 파생 문제가 생길 수 있다는 점에 대한 인식이 중요하다. 오판이 있을 수 있다는 것은 결국 오판으로 발생한 문제를 해결해야 하는 사회적 장치가 필요하다는 것이고, 모든 문제 해결은 최종적으로 규범을 거쳐야 한다. 이러한 규범적 문제 해결을 위해 가장 중요한 부분은 결국 알고리즘 정보에의 접근 가능성이다.

2016년 7월 AI를 활용한 온라인 국제미인대회에서 프로필 사진을 심사하는 프로그램이 백인을 제외한 후보자들을 떨어뜨린 일이 있었다. 이러한 모욕적 상황을 인간이 저질렀다면 인간의 존엄 훼손, 평등 침해 등을 이유로 매우 많은 질타가 이어졌을 것이고, 법적인 제재 또한 엄중했을 것이다. 그러나 이러한 일이 단지 알고리즘으로 일어났다는 이유로 그저 이런 편견이 존재한다는 것에 자기 반성적 고찰을 할 뿐이었다. 물론 해당 알고리즘을 더 이상 사용하지 않거나 대폭 개선한다는 발표 정도는 있을 수 있지만 이는 인간에 의해 그 일이 일어났을 경우와 비교하면 매우 약한 제재임은 분명하다.

AI 알고리즘의 영향력은 점차 확대되고 있는 데 비해 그 책임은 상대적으로 약하게 치부되는 상황은 분명 어떤 식으로든 문제를 야기할 것이다. 미국행동 기술연구소(AIBR, American Institute for Behavioral Research & Technology)는 구글 검색 알고리즘 조작 실험으로 부동

층 20% 정도는 알고리즘 조절로 투표 대상을 바꿀 수 있다고 밝힌 바 있을 정도로 그 영향력이 크다. 또한 페이스북(현, 메타)은 이용자들을 임의로 두 집단으로 나누고 각각 긍정과 부정의 글이 노출되게 한 다음 그러한 글의 노출이 사람의 감정에 영향을 미쳤는지를 연구한 바 있다. 실제로 그러한 부정 또는 긍정의 글에 노출되는 것으로 사람들은 영향을 받았다는 논문을 게재하였지만 '감정 조작 실험'을 한다는 비판을 받았다. 두 상황에 비추어볼 때 소셜미디어의 '배열'이 개개인의 사고에까지 영향을 미칠 수 있다는 것은 자명하다.

알고리즘이 단순히 피동적 지식 습득의 결과물만을 인간에게 제공하는 존재가 아닌, 인간의 감정이나 사상에 영향력을 행사할 수 있음을 확인했다는 점에서 의미가 있다.

AI 알고리즘을 활용하는 곳이라면, 이러한 감정 조작이나 사상 변화는 의도적으로 유도하려고만 하면 얼마든지 가능하다. 또 의도적인 것은 아니더라도 얼마든지 AI가 인간을 원하는 방향으로 조정할 수도 있다는 의미이기도 하다.

이 점은 유튜브에서 이미 증명되고 있다. 2021년 7월 ≪월스트리트저널(The Wall Street Journal)≫ 기사에 따르면 유튜브는 추천 알고리즘으로 기존보다 이용자들의 체류시간을 70% 이상 늘렸는데 이 과정에서 음모론적 내용도 자주 추천하고 있는 것으로 나타났다. 문제는 극단주의자들이 유튜브 추천 시스템을 악용해 자신들의 사고를 유튜브 이용자들에게 교묘히 심어 가고 있다는 점이다. 설명글과 해시태그 등으로 자신들을 한쪽에 치우치지 않은 성향으로 보이게 하는 영상에서 극단주의 성향을 노골적으로 보이는 영상까지 세분해 올려 점점 극단적 영상으로 빠져들게 했다는 것이다.

알고리즘을 많이 사용하는 기업의 알고리즘은 당연히 '더 나은 세상'을 위해서가 아니라 해당 기업의 '효율'과 '수익 증대'를 목표로 작동할 것이다. 따라서 모든 알고리즘 활용 기관(공공기관을 포함하여)은 추구하는 바가 있다고 짐작할 수밖에 없다.

이렇게 볼 때 AI 알고리즘이 긍정적으로 작용할 것이라고 기대하는 것은 오히려 너무 순진한 발상이다. 상업적으로나 사상 또는 감정 측면에서 알고리즘을 이용하여 인간을 조종할 수 있는 위험성을 내포하고 있다고 보는 것이 합리적이다. 혹자는 이러한 위험은 세상 도처에 있으며 그러한 위험에 직면하더라도 인간이 극복해 낼 수 있다고 설파할 수 있다.

그러나 알고리즘이 무서운 진짜 이유는 우리 삶 곳곳에 침투해 우리 삶을 지배하는 '권력'임에도 우리는 그 정체를 모른다는 데 있다. 문제는 알고리즘 편향 자체가 아니라 편향인지 아닌지조차 인지하지 못한다는 점이다. 따라서 알고리즘을 제대로 이해하려면 알고리즘을 설명하는 작업이 필요하며, 이러한 알고리즘에 대한 개인의 권리를 정확히 인지시키는 것이 병행되어야 한다.

이렇듯 알고리즘의 기능에 대한 모든 권리를 '기업' 내지 알고리즘으로 이익을 얻으려는 '기관'이 주고 있지만 그 법적, 사회적 '책임'에는 소극적이다. 예를 들면 네이버는 지난 2012년 뉴스 서비스의 공정성 및 신뢰도 향상을 도모하기 위해 국내 인터넷 뉴스 서비스 사업자들과 공동으로 '기사배열에 관한 자율규약'을 제정, 준수하고 있음을 설명하고 있다. 그러나 정작 뉴스 서비스의 공정성과 신뢰도를 실질적으로 향상했는지 알기는 어렵고 그 알고리즘의 한계도 종잡을 수 없다. 게다가 네이버가 뉴스 배열을 위해 활용하고 있다는 '에어스 알고리즘'이 무엇인지, 어떤 과정을 거쳐 뉴스를 배열하는지 구체적 설명은 찾기 어렵고, 그 알고리즘의 한계도 알지 못한다. 2022년 네이버 알고리즘검토위원회가 알고리즘과 관련하여 검토 결과를 공개한 적이 있었지만, 구체적인 내용은 언급하지 않은 채 '우리가 검토한 결과 문제없다'는 식의 발표만 있었다.

이러한 알고리즘 관련 문제가 네이버만의 문제는 아닐 것이다. 결국 법적으로 해당 알고리즘 정보 접근을 허용하게 하는 어떤 조치 없이는 알고리즘 결정 과정에 대한 정보를 얻지 못한다.

물론 '알고리즘 공개'에 관한 규제를 마련하는 것도 문제가 있을 수 있다. 이른바 설명요구권으로 막상 구체적 소스를 공개해도 사람들이 이해하기 힘들고, 기업의 영업 비밀을 보호할 수 없다는 점에서 사익과 공익 간의 균형이 필요할 수 있다. 특히 공개된 알고리즘의 특징을 악용한 어뷰징(abusing)이라는 역효과의 가능성도 우려할 수밖에 없다.

관련하여 유럽연합(EU)에서는 2018년 발효된 개인정보보호규정인 GDPR 논의 과정에서 '알고리즘에 대한 설명을 들을 권리'가 제시되면서 그 기준을 두고 사회적 논의가 촉발됐다. 또 분명한 점은 정보 접근의 가능성이 알고리즘에 대한 인간의 인식에 변화를 가져올 수 있다는 점이다.

예컨대 2017년 호텔 예매 서비스로 검색 알고리즘을 어떻게 설명하느냐에 따라 이용자 평가가 달라지는지에 대한 연구가 있었다. 아무런 설명 없이 서비스만 제공할 때 이용자들은 알고리즘을 긍정적으로 평가한 반면 "사용자의 편의를 위해 인공지능 추천 시스템을 이용하여 조금 전 입력하신 고객정보와 고객의 행동 데이터를 비교하여 유사한 고객(성별, 연령 등)이 가장 많이 선택한 호텔을 상위에 배치하였다"고 고지했을 때는 비판적인 평가가 많았다. 기술을 다 나열하지 않더라도 '무엇'을 '어떻게' 하는지 등 최소한의 정보라도 밝히고 이러한 정보에 접근할 수 있을 때 알고리즘이 맹목적 믿음을 벗어던지게 할 수 있다는 점을 확인할 수 있다.

따라서 검색 알고리즘에 대한 설명이 없으면 이 기술을 중립적으로 인식해 신뢰하지만, 추천 방식이 설명되면 검색 결과가 정확하고 신뢰할 수 있는지 스스로 판단하는 경향이 나타난다는 것이다. 결국 무엇을 사람이 한 것인지, 기계가 한 것인지를 밝히는 게 중요하다. AI 알고리즘은 온라인에서 활용되던 것을 넘어 반려로봇이나 살인로봇에 탑재될 수도 있다. 그러한 직접적으로 우리의 삶에 접근된 AI가 끊임없이 영향력을 행사하려고 하는데 그러한 상황을 인간이 알 수 없다면 그야말로 AI가 조정하는 인류가 될지도 모른다.

사람이 한 것과 기계가 한 일을 명확히 구분지어 판단

할 수 있는 정보를 주고, 알고리즘 자체에 접근할 수 있는 제도를 도입할 때 알고리즘 또한 더욱 정확하고 사회적, 윤리적 결정을 내릴 수 있게 된다. 알고리즘과 관련한 정보의 공개와 접근이 결코 알고리즘의 성장에 방해가 되는 요인이 아님을 인식하는 것 또한 중요하다. 정보의 역할이 중요하다. 권력이 되고 있지만 드러나지 않는 알고리즘을 감시하고 견제하고 알려야 한다. 알고리즘이 공학의 영역이 아님을 인지하고 새로운 세상을 맞이해야 한다. 이러한 것이 결국 법과 규제의 역할이다.

참고문헌

김희정(2020). 알고리즘 자동의사결정으로부터 개인의 보호-인간의 개입권(the right to human intervention)을 중심으로-. ≪헌법학연구≫, 제26권 제1호.

김재완(2019). EU일반정보보호규정(GDPR)의 알고리즘 자동화 의사결정에 대한 통제로써 설명을 요구할 권리에 대한 쟁점 분석과 전망. ≪민주법학≫, 제69호.

네이버N뉴스. 서비스운영원칙. https://news.naver.com/main/ombudsman/edit.naver?mid=omb(검색일 2024.6.25)

네이버블로그. 제2차 네이버뉴스 알고리즘 검토위원회 검토 결과 발표. https://m.blog.naver.com/naver_diary/222631701600(검색일 2024.6.25)

Eslami, M., Vaccaro,K., Karahalios, K., & Hamilton, K.. Be Careful; Things Can Be Worse Than They Appear" — Understanding Biased Algorithms and Users' Behavior Around Them in Rating Platforms, University of Illinois at Urbana-Champaign, † Adobe Research, https://ojs.aaai.org/index.php/ICWSM/article/view/14898/14748(검색일 2024.6.25)

Mickle, T.(2021.7.7). YouTube's Search Algorithm Directs Viewers to False and Sexualized Videos, Study Finds. https://www.wsj.com/articles/youtubes-search-algorithm-directs-viewers-to-false-and-sexualized-videos-study-finds-11625644803(검색일 2024.6.25)

05
AI 알고리즘에 대한 인간의 권리

한쪽 선로에는 5명이, 또 다른 쪽 선로에는 1명이 서 있는데 전차가 달려온다. 전차는 반드시 두 선로 중 한 곳을 지나가야 하고, 전철기를 작동시키는 것 이외에 다른 조치는 허용되지 않는다. 공리주의적 관점에서는 1명이 희생되더라도 5명을 살려야 한다. 하지만 의무론적 관점에서는 그 누구도 특정 목적을 위해 희생시킬 권리는 없다. AI가 이 실험을 한다고 가정해 보자. 어떠한 기준으로 AI 알고리즘이 어떤 결정을 할지 인간은 알지 못한다. 어느 쪽이든 이 AI 알고리즘의 판단을 우리는 위화감 없이 받아들일 수 있을까.

윤리적 결정과 무지의 인간

인간의 행위 또한 어떠한 행위가 정의로운가에 대한 인식이 끝없이 변화되어 왔다. AI 알고리즘이라는 기술이 갖추어야 할 윤리적 인식이 무엇이고 어떤 규제 형태가 되어야 할지 또한 매우 혼란스러울 수밖에 없다. 윤리적 딜레마 상황에서 특히 그 혼란은 가중될 것이다.

1978년 영국의 철학자 필리파 풋(Philippa Foot)은 '트롤리 딜레마(Trolley Problem)'로 불리는 윤리학 사고 실험을 제안하였다. 이 실험은 전차가 운행 중 문제가 생겨 제어 불능 상태에 빠진다는 가정을 전제로 한다. 선로 위에는 사람 5명이 있고 전차가 이들을 향해 달려오는 가운데, 전철기를 돌리면 전차를 다른 선로로 보내 이들을 살릴 수 있다. 하지만 다른 선로에는 또 다른 1명이 서 있다. 전차는 반드시 두 선로 중 한 선로를 지나가야 하고, 전철기를 작동시키는 것 이외에 다른 조치는 허용되지 않는다. 실험은 이때 전철기를 작동하는 것이 도덕적 관점에서 옳은 결정인지 묻는다. 공리주의적 관점에서는 1명이 희생되더라도 5명을 살려야 한다. 하지만 의무론적 관점에서 보면, 그 누구도 타인을 특정 목적을 위해 희생시킬 권리는 없다.

이 실험을 AI가 실행한다고 가정해 보자. 어떠한 기준으로 AI 알고리즘이 어느 선로를 결정할지 인간은 알지 못한다. 어느 쪽으로 결정을 내리건 특정의 결정을 감행한다면 이 AI 알고리즘의 판단을 우리는 아무런 위화감 없이 받아들일 수 있을까. 아마도 어느 쪽이건 받아들이기가 쉽지 않을 것이다. 이러한 상황에서 AI에게 어느 쪽을 선택하는 것이 더 윤리적이라는 식의 가이드가 가능할지도 의문이다. 윤리를 가르치기가 어렵다고 AI가 전혀 윤리성을 갖추지 않은 채 오로지 합리적 결정만을 내리는 것을 바라는 것도 아닐 것이다.

AI 알고리즘이 단순히 인간을 보조하는 계산이나 통계 자료의 활용을 넘어 특정의 판단으로 인간과 공존하는 판단의 주체로 그 의미가 확대되고 있다는 것은 분명히 다가올 가까운 미래다. AI 알고리즘의 규범적 역할과 한계를 설정하고 이를 인간 사회가 감내할 수준에서 통제할 수 있게 준비하는 것은 설령 AI 기술의 발전을 일부 후퇴시킨다거나 많은 예산이 투입되는 일이라고 하더라도 반드시 고민해야 할 과제다. 이미 무인 전철 등 오로지 AI 알고리즘에게 판단을 유보한 현실이 확인되고 있는 상황에서 알고리즘을 역할과 그 의미를 단순한 인간의 조력자 수준으로 평가할 수 없다는 점은 명확하다.

우리는 아직 AI 알고리즘이 그저 새로운 미래로의 도

약과 기회와 같은 긍정적 요소만을 내포하고 있는 것인지 아니면 우리가 인식할 수 없는 위험을 숨기고 있는지조차 알 수 없는 상태다. 따라서 정보에 대한 접근이나 알권리 보장의 확대만으로 다가올 어두운 미래를 완전히 예방할 수는 없을지도 모른다. 그러나 적어도 불안한 요소를 제어할 수 있는 규범적 장치의 마련은 인간이 새로운 기술에 제시할 수 있는 최소한의 대비책이다.

길들여지는 인간을 위한 최후의 보루

AI의 의사 결정을 위한 알고리즘을 설계하고 활용하는 입장에서도 정해진 목적은 인식하고 있겠지만 의사 결정에 이르는 전 과정을 세밀히 알기는 어렵다. 디프러닝 시스템을 이용한 결정임을 안다는 것이 AI가 제시한 제안이 어떠한 이유로 그러한 결론에 이르게 된 것인지 분석이 가능하다는 의미는 아니다. 디프러닝이라는 방식으로 학습하는 원리가 적용된다는 것을 의미할 뿐 어떠한 정보의 조합으로 그러한 결정이 내려진 것인지는 사실상 아무도 모른다. AI 알고리즘의 목적 자체를 존중하되, 과정을 규율하도록 체계적으로 제어하는 틀 없이는 인간은 AI에 통제력을 가질 수 없다는 의미이기도 하다.

AI 알고리즘 이용자에게 AI 알고리즘에 대한 일정한

설명을 요구할 권리를 인정한다고 하여도 학습의 방법을 알려 줄 수 있을 뿐 결정에 이르게 된 경위를 알려 줄 수 없다면 그 권리의 실효성이 약해질 수밖에 없다. 제대로 설명을 받지도 못하면서 인간이 무조건 AI의 결정을 수용해야만 하는 형태가 인류와 AI가 공존하는 최적의 방안이라고 할 수는 없다. 따라서 AI 알고리즘의 결정에 이의를 제기할 수 있는 권리를 논의하여야 한다. AI 알고리즘의 결정에 대한 정보 습득과 접근이 완전하고도 자유로워야 한다는 알고리즘 정보접근권 또한 보장되어야 한다. 아울러 인간이 이해하지 못할 알고리즘 요소를 최대한 배제하는 것 또한 반드시 필요하다.

무엇보다 AI 알고리즘이 자체 학습을 한다지만, 알고리즘은 특정 프로그래밍의 결과물이다. 사람이 지정한 방식으로 학습한다. 그 방식으로 학습한 결과가 차별이나 가짜 뉴스 유포라면, 그 피해의 책임은 알고리즘이 아니라 학습 방식을 지정한 사람에게 있다는 점도 분명히 해야 한다.

예컨대 총기 발포자가 아님에도 발포자로 구글에서 검색되어 많은 개인정보 유출 사고를 겪은 기어리 댄리(Geary Danley)가 입은 피해는 미지의 알고리즘이 책임질 일이 아니라 구글이라는 회사에 책임을 부과해야 한다는 의미다.

따라서 검색 결과를 확인해 동영상을 추천해 주거나, 길을 찾아 주거나, 선호하는 신상품을 제안하는 서비스를 제공하는 것과 같은 알고리즘을 이용한다면, 인간이 어떠한 과정을 통해 그러한 서비스를 받는지 확인하고 그 서비스의 적절성을 판단할 수 있는 정보가 무엇인지 접근이 가능해야 한다. 얼핏 보기에 무해하게 보이는 앱 또한 이용 가치 이면에 호기심 많은 데이터 수집자가 숨어 있는 경우가 적지 않다는 점을 모든 이용자가 알고 있어야 한다. 또한 어떠한 알고리즘으로 설계되었는지 쉽게 알 수 있어야 한다.

알고리즘은 가지고 있는 빅데이터와의 연결로 개인을 예측 가능하고 분석 가능한 존재로 만들어 간다. 매우 편리한 세상이지만 그 편의성과 치환하는 것이 개인의 기본권이라면 절제가 필요하다는 점도 반드시 고려해야 한다. 많은 '데이터 공여자(정보주체)'들이 자신의 디지털 흔적을 남길 때 이러한 사실을 자각하지 못하게 하는 것이 개인정보자기결정권이나 알권리 차원에서 납득될 수 없는 기본권 침해라는 점을 인식할 수 있어야 한다. 알고리즘 활용 전 관련 내용에 대한 접근법도 공지하여야 한다.

물론 개인정보는 정보 처리자들이 정보 주체에게 데이터 수집과 처리 시점, 이유를 알려야 하고(개인정보보호법 제13조), 정보 주체의 권리 행사를 위해 정보의 투명성과 함께 용이한 의사소통이 구현되어야 하며(동법 제14조), 또한 본인의 개인정보 접근 이외에도 회사나 공공기관이 보유하고 있는 개인정보에 대해서도 보다 용이하게 접근하고, 서비스 제공자 간 개인정보 교환이 가능하도록 제도화되는 등 '정보 주체의 액세스권'(동법 제15조)이 이미 제도화되어 있다. 그러나 이러한 개인정보에 대한 접근만으로는 현재의 알고리즘으로 인한 모든 과정을 이해하기도 어렵고 책임 규명을 분명히 하기도 힘들다. AI 알고리즘은 사이버 공간(Cyberspace)의 기계실 안에 숨어 일하면서 자신의 목표를 부지런히 수행하고 있다. 알고리즘은 이용자가 인식하지 못하는 사이에 IP 주소, 클릭한 기호, 혹은 반응 속도 등을 토대로 이용 이득의 부산물을 습득하고 이를 활용한다. 이용자가 당황할 수준으로 세세한 정보를 수집하고 이를 활용한다. 때론 경악하게 할 목적으로 데이터가 사용되는 경우도 드물지 않다. 스마트폰으로 인터넷에 연결되어 있는 스마트 와치에 축적되는 정보를 생각해 보면 대부분 건강 정보와 같은 민감 정보다. 이 정보가 와치에 쌓이는지 스마트폰 앱에 쌓이는지 또 어떤 데이터가 축적되는지, 그리고 누가 어떤 방식으로 그 정보를 사용하는지 일반 이용자는 간파할 수 없고, 신뢰할 정도의 점검도 이루어지지 않는다.

우리 사회에서 AI 알고리즘이 활용되면 될수록, 복잡한 데이터 결합은 더욱 빈번해지고 더 정교해진다. 이러한 방대한 정보로 개인에게 최적화된 결과 값을 제공받는 것에 익숙해진 인간은 매우 간단히 AI 알고리즘을 신뢰하고 길들여진다. 길들여진 인간은 더 이상 AI 알고리즘을 분석하고 싶지 않아 할지도 모른다.

물론 이러한 가정이 기술적 변혁에 대한 과도한 우려 때문이라고 생각할 수도 있다. 실제로 새로운 기술이 언제나 인간에게 깊은 불안을 안기는 것은 사실이다. 철도가 속도의 신기록을 달성했을 때에도 다르지 않았다. 독일의 빌헬름2세(Wilhelm II.)는 "나는 말[馬]을 믿는다. 자동차는 그저 일시적인 현상일 뿐이다"라고 하였다. 우리는 이 말이 얼마나 무의미하고 어리석은 인간의 오판인지 이제는 모두가 안다.

그러나 기술의 발전을 따라가지 못하는 사회 윤리적 인식과 규제의 부재는 기술의 발전마저 저해한다. AI 알고리즘의 기능 속에 윤리적 장치와 인간의 권리 확보를 위한 부분이 한 역할을 담당하고 있어야 한다.

참고문헌

김병록(2020). 인공지능의 헌법적 쟁점과 과제. ≪법학논총≫, 제27집 제2호.

김일환 · 백수원(2010). 헌법상 투명성원칙에 관한 시론적 고찰. ≪공법연구≫, 제39집 제2호.

김희정(2020). 알고리즘 자동의사결정으로부터 개인의 보호-인간의 입권(the right to human intervention)을 중심으로-. ≪헌법학연구≫, 제26권 제1호.

백수원(2021). 알고리즘의 발달에 따른 Access권 및 알권리의 역할에 관한 시론적 고찰. ≪미국헌법연구≫, 제32권 제3호.

06
AI 산업의 규제 모델: 반려로봇과 살인로봇

AI가 의사소통이 가능한 존재가 된다면 법적 지위 논의가 쟁점화할 가능성이 높다. 특히 반려동물과의 결혼이나 상속이 시도되는 현실에 비추어 동물과의 교감이나 소통을 넘어서는 반려로봇이나 섹스로봇이라면 당연히 법적 지위에 대한 사회 요청이 있을 수밖에 없고 다양한 사회적 혼란과 법적 분쟁이 발생할 수 있으리라는 합리적 추론도 가능하다.
전자인간이라는 새로운 유형의 법적 지위, 특히 문제가 될 반려로봇이나 섹스로봇과 살인로봇의 규제 방향을 제시할 필요가 있다.

AI 산업의 도전

인격 개념의 확장은 인간과 비인간의 경계를 법적으로 모호하게 만들고 있다. AI를 단순히 법적 객체로 간주하던 것을 넘어 법적 주체의 지위를 인정하자는 움직임이 있다. 이미 인간은 법인에 법인격을 부여하였고, 법인은 자연인과 마찬가지로 권리와 의무의 주체로서 사회에서 독립적 존재로 활동할 수 있다. 살아 있는 존재가 아니어도 사회적 보호 이익이 있으며 그 필요성과 기능, 역할이 기대된다면 권리 주체로서 지위가 인정될 수 있음은 확인된 셈이다.

과학기술의 발달은 인간의 탄생과 죽음, 생명의 시기와 종기를 모호하게 만들거나, 다른 관점에서 바라보게 만들고 있으며, 나아가 인간과 비인간의 경계도 완화하는 결과를 초래하고 있다. 특히 지능과 자율성을 갖춘 AI에게 법인격을 부여하려는 일련의 움직임 속에 기존의 법리로는 해결할 수 없는 다양한 문제가 발생할 수 있다는 두려움도 커지고 있다.

AI 또한 사회적 합의가 이루어지는 특정 범위 내에서 자율적 주체로서 그 법적 지위를 향유할 수 있으며 권리나 의무의 주체가 될 수도 있음을 의미한다. 게다가 추상적 존재에 불과한 법인에 비해 인간의 외형을 갖추고 상호 소통할 수 있는 AI에 대한 법적 지위 논의는 예상보다 빠르게 진행될 수 있다. 무엇보다 AI가 의사소통이 가능한 존재가 된다면 더욱 법적 지위에 관한 논의가 쟁점화할 가능성이 크다. 특히 애완동물과의 결혼이나 상속 등이 실제로 시도되고 있다는 점에 비추어 볼 때 동물과의 교감이나 소통을 넘어서는 반려로봇 내지 섹스로봇에 관하여서라면 당연히 법적 지위에 대한 사회적 요청이 있을 수밖에 없다. 이에 따라 다양한 사회적 혼란과 법적 분쟁이 발생할 수 있을 것이라는 합리적 추론도 가능하다.

따라서 전자인간이라는 새로운 유형의 법적 지위에 관한 논의 검토를 넘어 AI 기술이 적용된 반려로봇 내지 섹스로봇과 살인로봇 등에 대한 규제의 방향을 제시할 필요가 있다.

영국 인공지능 연구자인 데이비드 레비(David Levy)는 2008년 『로봇과 나누는 사랑과 섹스(Love and Sex with Robots: The Evolution of Human-Robot Relationships)』에서 "남성이든 여성이든 2050년쯤에는 로봇과 성행위를 하는 것은 물론이고 결혼도 흔히 할 것"이라고 예상했다. 구글 엔지니어링 이사이자 『특이점이 온다』의 저자로 잘 알려진 레이 커즈와일(Ray Kurzweil)

은 그 시점을 이보다 이른 2029년으로 예측했다. 테슬라와 스페이스X의 창업자인 일론 머스크(Elon Musk)는 사람처럼 생각하는 범용 AI가 이보다 이른 시기에 등장할 것이라고 하였다.

아직 아무런 규제가 정비되지도 못한 채, AI가 인류 사회에 빠르게 다가와 큰 변곡점을 맞이할 것이라 예상했던 상황이 실재하고 있다. AI 로봇의 개발과 활용이 인간에게 가져다줄 많은 이익을 인간이 향유하기 위해서는 새로운 존재의 등장으로 인한 사회적, 법적 부작용을 최소화하고 우리 사회에 소프트 랜딩이 가능하도록 길잡이 역할을 할 최소한의 법적, 규제적 장치가 필요하다는 점은 자명하다.

AI 반려로봇 규제 논의

로봇은 체코의 작가인 카렐 차페크(Karel Capek)가 1920년 그의 희곡 〈R.U.R.(Rossum's Universal Robots)〉에서 처음 사용한 단어로 '노동'을 의미하는 체코어 'robota'에서 'a'를 빼고 만든 단어다. 최초로 상상한 로봇은 인간의 노동을 대신하기 위한 기계라는 기능적 특징과, 사람과 유사한 외관이라는 외형적 특징을 동시에 갖고 있는 존재를 의미하였다. 동 작품에서 로봇은 스스로 학습하여 인간보다 우월한 지위를 얻고 자신들을 착취하던 주인(인간)에게 대항하여 승리하는 존재이기도 하다. 스스로 학습하여 인간보다 고등한 지적 능력과 더불어 자아까지 갖춘 존재인 로봇이 인류의 멸망을 앞당긴다는 이미지로 우리에게 각인된 것은 이렇듯 로봇의 개념이 존재하기 시작하던 최초 단계에서 표현된 것이다. 오늘날에도 여전한 인류의 두려움으로 표출되고 있기도 하다. 현재 AI 규제의 필요성 또한 이러한 로봇에 대한 이미지에서 기인하는지도 모른다. 그러나 적어도 새로운 기술인 AI로 발생할 수 있는 위험과 손해에서 인간을 보호해야 한다는 인식만큼은 사회적 공감대가 있다고 보아야 한다.

따라서 AI에 대한 두려움을 상쇄하고 인간이 책임지지 못하는 영역을 보완해 주기 위해 규제는 존재한다고 보아야 한다. 결코 AI의 법적 능력을 키워 주기 위한 것이 아니다. 그럼에도 AI가 전자인간이 되고 법적 책임을 갖게 된다면 법적으로 향유할 수 있는 권리도 갖게 될 것이다. 특히 인간과 가까운 곳에서 존재하는 반려로봇이라면 향유할 권리는 더 커지고 그에 따른 규제도 더욱 필요할 것이다.

한편 반려로봇은 외형과 기능이라는 양 측면으로 나

누어 정의할 수 있다. 반려로봇이란 먼저 외형상으로는 인간과 유사한 외관과 사람의 체온과 비슷한 피부 온도, 언어 사용 등이 요구되며, 기능상으로는 얼굴 인식, 의사소통, 최소한의 논의나 의사 표현, 적절한 리액션(반응), 학습을 통한 사용자와의 교감 강화, 다방면의 대화 등이 가능한 피조물을 의미한다. 이에 더하여 섹스로봇은 필연적으로 앞의 기능과 더불어 성행위를 위한 피부 인식이나 교감, 쾌감 또는 성적 취향에 대한 세부 의사 표현 등도 가능할 것이 요구된다. 그러나 이러한 외형과 기능만이 법적 전자인격의 지위를 부여할 존재인지의 기준은 아니다.

기능적 특성에 지능적 능력과 자율적 판단 능력이 가미되어 의사 표현이나 리액션, 교감 및 대화에서 학습된 정보를 넘어서는 반응이나 판단, 대화 등이 가능한 수준이 되어야 한다.

개인주의적 성향이 강화되고 '나홀로족' 등이 증가하는 현대사회의 특성을 고려하였을 때 인간이 아닌 인간을 대체할 인공물인 AI 반려로봇의 필요성 자체는 충분히 인정되며, 산업적 가치도 매력적이다.

반려로봇이 인간만의 고유한 가치를 훼손하고 기존의 사회적 합의를 완전히 무력화할 수 있는 본질적 위험성을 내포하고 있다는 의견도 있다. 반려로봇은 다른 로봇과 달리 사회적 필요성 내지 효용성 측면에서 반려로봇의 생산·보급이 그다지 큰 지지를 받기 어려운 측면이 있다. 개인적 측면에서는 반려로봇과 함께하는 생활에서 만족을 느낄 수 있기 때문에 분명 지지될 수 있지만, 전체 사회로 보아 인류에게 위협이 되는 여러 사회적 현상의 발생 가능성은 오히려 높아질 수 있다. 일례로 남녀 상호 간의 교감보다 로봇과의 교감이 더 수월하고 편리하다는 이유로 인간 상호 간의 교류를 원하지 않게 되는 극단적 상황이 올 수 있다. 이런 이유로 더 이상 인간 상호 간의 성적 교류가 없어진다면 이는 곧 인류 멸종과도 직결되는 문제이기도 하다.

또 인격 훼손을 유발하는 데 섹스로봇이 일조할 수 있어 이는 금지되어야 한다는 지적도 있다. 다른 로봇에 비해 반려로봇 내지 섹스로봇은 정서를 교감하고 상대와 친밀한 교제를 추구하는 특성 때문에 순종적 형태가 될 가능성이 크고 이러한 반려로봇에 익숙한 인간이 성 대상을 쉽게 도구로 인식하게 되어 다른 인간을 상대할 때에도 비인격적 행위(강압적, 폭력적 행위 등)를 유발할 수 있다는 것이다.

인간이 인간을 도구화할 수 있는가 하는 논의는 과거

부터 현재까지 주된 갈등을 가져온 주제였다. 노예제도, 장기매매, 성매매, 인신매매 등은 대표적 인간의 도구화 사례다. 따라서 이러한 것들은 반윤리적 가치로 법적으로 금지해야 한다는 것이 전 인류적 합의다. 해당 이슈들은 극단적 자유주의자가 아닌 이상 규제되는 것이 마땅하다고 볼 것이다. 다만 성매매는 국가별로 규제의 정도나 방식 또는 규제 유무의 차이가 존재하나, 적어도 본능적 욕구라는 이유로 비자발적 성(性)관계까지 허용하지는 않는다. 식욕이 본능이라고 하여 음식 도둑이 허용되지 않는 것처럼 성욕 또한 무제한으로 허용되지 않는 것이 당연하다.

자신의 몸이라고 하여 장기를 매매할 수 없는 것처럼 자의로 성을 파는 것도 허용되지 않는 것이 인간의 존엄에 기초한 당연한 판단이다. 그러나 인간이 가진 다른 본능적 욕구는 모두 개인의 노력으로 해결 가능 하지만 성욕은 홀로 온전히 충족할 수 없다는 특성이 있다. 때문에 인간의 존엄이 상실될 수 있는 인간의 도구화(성매매)와 같은 것이 아니라면 허용하여야 한다는 주장이 설득력을 얻을 수 있다. 이러한 관점에서는 성욕을 해소하는 데 가장 이상적인 방법이 정서적 교감에 기초한 이성 또는 동성 간의 육체적 관계다. 하지만 이러한 대상이 없다면 이를 해소하기 위하여 범법을 저지르고 그 수단으로 강압, 기망 또는 금전 등이 사용되기도 하므로 이러한 범법행위를 줄이는 데 섹스로봇이 새로운 대안이 될 수 있다.

섹스로봇에 관한 문제는 이른바 '리얼돌'의 문제와 본질적으로 유사한 사회적 논란거리가 될 수 있다. 리얼돌과 섹스로봇은 외형적으로는 인간과 유사하다는 공통점을 공유한다. 그러나 섹스로봇은 리얼돌을 넘어 정서적 교감까지도 가능하고 성행위도 더욱 인간에 가깝게 느낄 수 있다는 차이가 있을 것으로 짐작한다. 이러한 섹스로봇은 무생물이기 때문에 리얼돌이나 섹스로봇을 이용한 성관계는 성매매가 아니다. 자위의 일종일 뿐이고 인간의 존엄과 무관한 단순 도구 사용에 불과하다. 오히려 긍정적 효과로 리얼돌이나 섹스로봇이 성매매를 대신해 성적 문제와 관련된 범죄를 예방하고 성매매 피해자를 줄일 수도 있는 길이라는 주장도 있다. 이러한 관점에서는, 섹스로봇은 단순 사물에 불과하며 인간이 사물에 대하여 성행위를 하는 것을 법적으로 규제하는 것은 적절치 않다고 본다.

반면 섹스로봇을 금지하여야 한다는 입장에서는 리얼돌이나 섹스로봇이 오히려 인간의 존엄을 훼손한다고 본다. 외형적으로 인간과 유사하지만 그 주인에게 반항

하지 못하는 인공물인 리얼돌 또는 섹스로봇과의 성행위는 다른 인간을 대하는 방식에서도 근본적으로 인격 훼손 상태를 유발할 수 있다는 점을 지적한다. 이는 특히 성매매 산업의 약자인 여성이 비인간화되고 비인간적인 인공물로 재구성되어 더욱더 인간성이 훼손되는 결과로 귀결될 뿐이라는 우려를 낳기도 한다. 즉 섹스로봇이 가진 외형적, 정서 교감적 특성으로 그 주인인 인간에게 복종하고, 이는 성 대상을 도구화하게 되어 다른 인간을 대함에서도 쉽게 비인격적 행위(강압적, 폭력적 행위 등)를 유발한다고 본다. 아울러 새로운 기술의 발전이 성매매를 줄였거나, 성범죄를 예방하였다는 어떠한 증거도 없으며 오히려 더욱 많은 피해자를 양산하였다는 주장도 제기된다.

섹스로봇과의 교감이 남녀 상호 간의 교감보다 더 수월하고 편리하다는 이유로 굳이 인간 상호 간의 교류를 원하지 않게 되는 극단적 상황이 올 수도 있다는 점을 문제로 지적하기도 한다. 물론 인공 자궁을 통한 배양 등 출산 방식의 변화로 인류가 번영할 수도 있겠지만 적어도 기존 인류의 번식 방법이나 생활 방식과는 완전히 달라지는 형태의 사회 변화를 우리 사회가 수용할 수 있다는 공감대가 있을 때 섹스로봇이 허용되어야 한다고 주장한다.

어느 입장이건 완전히 허용되지 않는다는 입장이 아니라면 단계별 관리 방식으로 규제되는 방향이 선호된다. 즉 설계자의 설계 · 제도 단계부터 반려로봇 제작에 맞는 원칙을 적용해야 할 것이다. 사용자에 대한 등록 · 관리교육 · 처벌 등의 제도 또한 구비되어야 한다. 생산 단계에서 지켜져야 할 기본 수칙을 법령에서 단계별로 정하고, 이러한 기준에서 벗어나면 허가를 주지 않는 형태도 좋다. 생산 중단이나 정지, 사업허가 취소 조치 등으로 로봇 생산을 규제하는 방식도 가능하다. 많은 우려에도 반려로봇은 AI 산업에서 매우 중요하고 비중 있는 영역이 될 것은 확실해 보인다. 그러나 리얼돌 수입 당시의 사회적 갈등과 같이 반려로봇 내지 섹스로봇이 온전히 윤리적이지 못하고 왜곡되거나 변질될 우려가 큰 산업인 것 또한 분명하다.

살인로봇 규제 논의

지난 2019년 9월 14일 사우디아라비아에 있는 세계 최대 정유시설을 드론이 폭격한 사건이 발생했다. 미국의 발표에 따르면 20대 정도의 드론과 미사일 10발 정도로 직접 타격에 성공한 것으로 보인다. 오늘날 전쟁무기가 점점 무인화하고, 폭탄 제거나 지뢰 제거 등 전투 외적으로 활용되는 군사로봇도 증가 추세다.

이러한 드론 등의 무기는 현재 인간이 조정하는 것이기 때문에 완전한 자율성이 확보된 군사로봇으로 보기는 어렵다. 그러나 인간이 리모컨으로 지속 통제할 수 있는 시스템이 아닌 프로그램만으로 움직였다는 점에서는 불완전하나마 자율 무기로 인정될 수 있다. 이러한 현재 수준의 자율 무기를 넘어 완전한 수준의 자율성을 갖추어서 스스로 판단하고 작동해 무력을 행사하는 무기를 흔히 '살인(킬러)로봇'이라고 지칭한다.

AI가 군사 영역에 도입된다는 것은 전쟁에서 이기고 지는 상황 판단을, 기존 인간의 정신과 신체 수준이 아닌 AI를 내장한 기계가 대신한다는 의미다. 물론 가까운 시일 내 즉각 모든 전쟁 행위에서 인간이 배제되지는 않겠지만 근접 살상이나 무기 파괴 등의 위험 행위에는 점차 인간을 대체하는 AI가 많아질 것이다. 자율 기능의 도입은 그 효율성과 효과성을 높이고 있다.

군사 전략상 위험 방지라는 면에서도 군사로봇의 도입은 점차 확대될 것이다. 도입하자는 입장에서는 위험에 노출되는 군인의 피해 최소화, 효율성, 정확성 등을 고려해 더 확대해야한다고 주장할 것이다. 그러나 도입에 자제를 요청하는 입장에서는 살인로봇이 민간인과 군인을 구분할 수 있는지, 어린아이를 방패로 삼는 등의 복잡 미묘한 순간들이 난무하는 전쟁 현장에서 효율성을 기준으로 판단을 내릴 가능성은 없는지 검토해야 한다고 주장한다.

또 살인로봇의 특성상 인간이 오랜 세월 동안 진화를 거듭하며 내재된 본능적 두려움이나 인류 보존에 대한 감정 등이 없기 때문에 발생할 수 있는 문제도 간과할 수 없다. 물론 이러한 감정을 살인로봇에게 주입하기도 어렵겠지만 살인로봇의 특성상 학습시키지도 않을 것이다. 이렇듯 윤리성 이슈로 극단적 비윤리적 상황이 흔히 발생할 수 있는 전쟁 상황에서 살인 판단을 AI에게 맡길 수 있느냐는 문제는 고민이 커질 수밖에 없다. 심지어 해킹 등 외부 방해 요인의 개입으로 아군 살상이나, 민간인 살상에 악용될 소지도 있다.

게다가 사람을 죽여야 하는 AI이므로 '아시모프의 3+1 원칙' 적용을 할 수도 없다. 한편 살인로봇이라고 법적 보호를 받을 가치가 전혀 없는지에 관한 의문도 제기될 수 있다. 인간을 대신해 싸우고 큰 공을 세운 로봇이 있다고 하더라도 인간이라면 응당 받아야 할 포상이나 명예를 기대할 수 없는 것인지 의문이 제기될 수도 있다는 것이다.

2011년 영국 '공학및자연과학연구위원회(EPSRC, Engineering and Physical Sciences Research Council)'와 '인문학연구위원회(AHRC, Arts & Humanities Research Council)'가 공동으로 발표한 내용이 따르면 살인로봇은 AI 산업이 아무리 발전하더라도 제작해서는 안 된다고 한다. 살인로봇을 제작하는 기술이 있더라도 우리가 깊이 고민해 봐야 하는 내용이다.

"첫째, 로봇은 사람을 살상하는 것을 유일하거나 주된 목적으로 설계되어서는 안 된다. 둘째, 책임을 져야 할 것은 로봇이 아니라 사람이다. 로봇은 사람의 목적을 달성하기 위해 설계된 도구다. 셋째, 로봇은 안전과 안정성을 담보하는 방식으로 설계되어야 한다. 넷째, 로봇은 인공물이다. 감정적 반응이나 의존을 유발해 취약한 사용자를 착취하도록 설계되어서는 안 된다. 다섯째, 로봇에 법적 책임이 있는 사람을 찾아내는 것이 항상 가능해야 한다."

참고문헌

고인석(2014). 로봇윤리의 기본 원칙:로봇 존재론으로부터.

≪범한철학≫, 제75집.
백수원(2019). 전자인간 및 전자인격 인정에 따른 법적 논의와 시사점 고찰. ≪외법논집≫, 제43권 제4호.
조준현(2015). 형법상 긴급피난의 법리. ≪성신법학≫, 제15호.
인천지법 2008. 5. 15. 선고 2007구합5725 판결
Levy, D.(2009). *Love and Sex with Robots: the Evolution of Human-Robot Relationships*. Harper Colons Publishers.
Richardson, K.(2017). *Sex Robots: Between the Human and the Artificial*. Bocconi University Press.

07
AI의 생존 전략과 인류와의 공존

한 국가나 사회의 중요 의사 결정에서 투명하고 공정한 정보의 제공과 자유로운 의사 결정 과정을 기초로 다원화된 가치를 중요하게 여기는 민주주의 사회는, 현재의 인공지능 시스템과 같은 합리적이고 최적화한 의사 결정 자체를 목표로 하지 않는다. 민주주의 사회에서는 다소 비합리적이더라도 다수가 만족할 수 있는 결정을 더 선호하고, 그렇다고 소수를 완전히 무너뜨리지 않는 방식을 원한다.

AI가 인류와 공존할 수 있는 핵심

AI와 같은 새로운 기술의 발전은 인류에게 무수한 영향을 주고 새로운 도전을 가능하게 한다. 정치에서도 새로운 기술이 다차원으로 도입되어 시민의 정치 참여 증대에 기여하기를 기대한다. 그런데 AI는 정보를 있는 그대로 제공해 주기 위해 개발된 것이 아니다. 제공된 정보로 조합의 과정을 거쳐 최적의 답을 제출하기 위해 만들어진 기술이라고 할 수 있다. 따라서 AI는 최적의 결론 도출에 저해되는 정보라면 필요한 정보를 제외하기도 할 것이다.

AI 기술이 구현된 세탁기를 생각해 보자. 그 세탁기는 세탁물의 무게를 감지하고 적정량의 세제를 투입한다. 가장 이상적인 양의 세제가 투입되었을 것이다. 그러나 그 세탁기의 주인은 최근 지구환경에 큰 관심이 있어 다소 충분한 세탁이 되지 않더라도 세제를 극미량으로 사용하여 세탁을 하고 싶을 수 있다. 이렇듯 인간은 세탁기의 본질에 맞지 않는 비합리적 결정을 한다. 그리고 이러한 비합리적 결정이 전체 인류를 위해 더 나은 결정일 수 있다.

오늘날 한 국가나 사회의 중요 의사 결정에서 투명하고 공정한 정보의 제공과 자유로운 의사 결정 과정을 기초로 다원화된 가치를 중요하게 여기는 민주주의 사회는, 현재의 AI 시스템과 같은 합리적이고 가장 최적화된 의사 결정 자체를 목표로 하지 않는다. 민주주의 사회에서는 다소 비합리적이더라도 다수를 만족시킬 수 있는 결정을 더 선호하고, 그렇다고 소수를 완전히 무너뜨리지는 않는 방식을 원한다.

AI 세탁기의 예를 다시 보면 심지어 합리성도 의심의 대상이다. 세탁물의 특성이나 옷감의 차이 혹은 감지하기 어려운 오염으로 추가 세제 투입이 요구될 수 있으며, 때론 주머니에 넣어둔 돌덩이로 세탁물이 필요 세제량보다 더 많이 투입될 우려는 없는지와 같은 의구심이 있을 수 있다.

이런 세탁 과정의 예외는 극히 일부에 지나지 않으므로 이 정도의 사소한 일쯤은 AI에게 맡기는 편이 더 나을 것이다. 그러나 그것이 우리 사회의 중요한 의사 결정이라면 어떨까.

실제로 AI의 정보 생성 과정에 대한 투명성과 공정성, 설명 가능성 등의 기준은 그 기술의 발전만큼 빠르게 적용되지 못하고 있다. 오히려 메커니즘의 복합화, 다각화 및 고도화로 더욱 이해하기 어려워져만 가고 있는 실정이다.

결국 AI를 그 자체로 어떤 가치 판단을 내릴 수 있는 존재로 보는 관점에서는 이러한 AI의 의사 결정에 대한 이해 부족은 큰 두려움을 낳게 된다.

그러나 AI가 어떤 가치 판단의 총책임자가 아니라 의사 결정의 과정을 투명하게 하는 데 기여하는 역할을 수행한다면 우리 사회에서 매우 환영받을 것이다. 당연히 AI 기술 발전 또한 인간에게 유익한 기여로 사회적 정당성을 확보하게 되어 지지를 받게 된다. 새로운 기술로 보다 바람직한 가치가 구현될 수 있으므로 상호 영향을 주고받는 형태가 될 것이다.

문제는 AI에서 비롯된 사회 변화 과정에서 민주주의와 같은 우리 사회의 중요 가치 또한 도전을 받을 때다. 극단적인 일례로 국가 의사 결정 과정에서 가장 뛰어난 해결책을 제시하는 것이 민주주의의 의사 결정 방식인 다수에 의한 결정이 아닌 AI의 손쉬운 제안일 수 있다는 것은 미래로 가 보지 않아도 인정할 수밖에 없을 것이다. AI의 제안은 너무나 우수하고 빠르고 명쾌하기 때문에 인류를 구원할 수도 있겠지만, 의사 결정 과정을 핵심 요건으로 하는 민주주의의 위기를 불러올 수도 있다. 민주주의를 지향하는 우리 사회는 이러한 의사 결정 과정의 생략을 곧 AI의 한계로 인식할 수도 있다. 그러한 한계는 곧 기술 자체의 폐기 또는 제한 조치로 연결될 수 있다. AI의 무한한 발전 가능성에 찬동하기보다 바람직한 방향으로만 그 개발을 이끌어야 하는 이유도 숭고한 인류애를 가져서가 아니라 AI 산업의 생존을 위해서라는 점을 깨달아야 한다.

결국 민주주의 사회에서는 대표자와 주권자인 국민의 동일성을 이끄는 기술에 관대할 수밖에 없다. 따라서 AI가 인류와 공존할 수 있는 핵심은 우수한 기술인지 아닌지가 아니라 인류에 얼마나 기여도 높은가로 결정된다. 결국 AI는 국민과 그 대표자 간의 가능한 한 많은 정보 공유의 실현과 최대한의 의견 교환, 국민 의사 반영을 최대치로 하기 위한 수단을 제공하는 기술이어야 한다.

또 대표자와 국민 사이의 의견 불일치 등에 따른 적절한 절차와 통제 방안 등을 구현하는 데 기여하여야 한다. 그와 반대의 것을 추구하는 순간, 용도 폐기 혹은 그 효용 가치가 현저히 줄어들게 되는 길로 나아갈 것이다.

더 합리적이지만 더 민주적일 수 없는 결정

기술은 세상을 변화시키고 있고 정치 또한 예외일 수 없다. 시간과 공간을 초월하는 고급 IT는 대의 민주주의에서 직접 참여를 강화하는 리퀴드 데모크라시(Liquid

Democracy)로의 개혁이 요구되고 있다. 리퀴드 데모크라시는 "선거권자가 직접 참여와 동적 대표를 통해 집단 의사 결정에 참여하는 대리 민주주의 형태"라는 의미다. 이 민주주의 체계는 직접 민주주의와 대의 민주주의의 요소를 모두 활용한다는 특징이 있다. 이러한 관점에서는 AI 기술 활용이 민주주의를 더욱 이롭게 할 수 있다. 국민의 정치 참여를 보다 극대화하여 바람직한 민주정치 이념을 실현할 수 있다. 또한 국회에서 상임위원회 회의 때 '챗GPT'와 같은 AI 기술을 적극 활용한 토론을 진행한다면, 불필요한 시간 낭비를 줄일 뿐만 아니라 정치적 편견에서 오는 기존 매체나 정부의 의제 조작, 혹은 왜곡이 줄어 더 투명하고 공정한 사회가 될 것이다. 그러나 민주주의의 의사 결정 과정에서는 서로 대립되며 전혀 합리적이지 않은 어떤 관념의 집단들이 대화와 토론의 과정을 거친 후에 다수가 지지하는 바에 따라 전혀 합리적이지 않을 수도 있는 방향으로 의사가 결정될 수 있다. 결국 다수결 원칙을 기반으로 소수는 납득하기 어렵지만 받아들일 수밖에 없는 결과가 도출되기도 한다. 바로 이런 면에서 가장 이상적인 결론을 AI가 결정지어 주는 사회가 더 합리적일 수는 있지만 더 민주적일 수 있는지는 여전히 의문인 이유다. 대화와 토론으로 구성원 모두의 의사가 일치하는 결과가 나올 수 있다면 좋겠지만, 이러한 결과가 나오는 것이 오히려 예외인 것이 현실이다. 따라서 구체적인 쟁점의 대화와 토론 후에도 다양한 의사들이 병존한다면 하나를 선택해야만 하는 문제가 여전히 남게 되며, 이때 선택하는 것이 다수결이다.

언제나 의사의 합치가 있어야만 한다면 의사 결정을 무한정 연기할 수밖에 없고 자칫하면 소수를 강압하거나 실질적 차이를 무시한 형식적 타협 또는 일관성과 체계성이 없는 결정으로 이어지게 된다. 그러나 이러한 비합리성은 곧바로 소수가 다수가 될 수 있는 기반을 제공하는 힘으로 작용하기도 한다. 합리성을 갖춘 다수는 매우 견고한 지지를 받아 전쟁에서도 승리하는 집단이 되겠지만, 합리성이 없는 다수는 언제든 전복될 수 있다. 전투에서는 일회적으로 승리할 수 있으나 결국 소수에게 역전당할 수 있다. 따라서 다수 집단에 의한 비합리적 결정조차 소수 집단이 수용하는 이유는 그러한 비합리적 결정이 추후 소수 집단이 다수 집단이 되는 데 기여하기 때문이기도 하다. 비합리적 결정이 가져올 긍정적 일면이라고도 할 수 있다. 결국 소수와 다수가 언제나 바뀔 수 있다는 것이 민주주의라면 민주사회에서 비합리적 결정조차 순기능이 분명히 있다. 민주주의는 이러한 과정 자체라고 보아야 하는 것이지, 합리적 결론이나 이상적 결과를 기준으로 판명되지 않는 것이다. 오히려 순수한 민주주의는 완전히 비합리적 결론이라도 수용하는 데에서 출발한다.

즉 한 사회의 민주주의 정도를 확인하기 위해서는 비합리적 결론에도 순응하는 모습에서 판명된다고 보아도 과언이 아니다. 결국 다수는 오직 일시적으로만 존재할 수 있는 구조가 형성되어야 한다. 다수로 결정되지 않은 집단에 일방적으로 불리한 구조가 고착되어 소수에 속한 이들이 스스로를 예외 존재로 느끼고 결국 그 공동체에 신뢰를 상실하는 상황이 되는 것은 바람직하지 않다. 다수결에 따른 결론이 왜 전체를 구속하는지, 즉 다수결의 정당성 근거에 대해서는 여러 견해가 제시되고 있지만 자기지배의 측면에서는 다수결이 민주주의가 추구하는 최대의 이념인 자기 지배를 적용받는 사람의 수를 보다 많이 확보하게 된다는 점에서 그 근거를 찾을 수 있다. 물론 민주적 의사 결정 과정에서 다수결의 원칙은 단지 수적 우세를 근거로 다수의 관점을 전체 관점으로 전환하는 것을 허용하는 것은 아니다. 다수결은 자칫 타협과 소수의 양보에서 비롯된 자율적 결정이 아니라 소수의 억압을 이용한 획일화로 이어질 가능성이 있으며, 양

비론으로 치우쳐 논의의 여지를 배제하는 수단으로 활용될 위험성이 있다. 그러나 그러한 문제가 더 합리적 의사 결정을 AI로 해결해야 할 이유가 되기에는 부족하다. 적어도 민주주의 관점에서는 여전히 AI에 의한 합리적 해결보다는 인간에 의한 비합리적인 해결이 더 우월하다.

결국 민주주의 사회에서 의사 결정은 충분한 정보의 습득을 전제로 비합리적 결론이라고 하더라도 이를 받아들임으로써 가장 이상적 상태를 유지한다. 따라서 민주적 의사 결정 과정에서 AI의 의사 결정이 아무리 합리적이고 빠르며 우수한 결론을 도출할 수 있다고 하여도 결정 자체의 위임은 민주사회 의사 결정의 본질을 고려할 때, 바람직하지 않다. 그러나 사람들의 의사 결정에 영향을 줄 수 있는 다양한 정보 제공 측면에서는 충분히 AI 활용 방법이 제시될 수 있다.

AI 알고리즘의 활용이 증대될수록 이를 적절하게 통제하는 사회적 합의와 그 의사가 반영된 규제가 더욱 강조되어야 한다. 당연히 AI와 관련된 규제와 법규범 또한 어떤 틀 속에서 보편적 기준을 세울 것인지나, 적절한 법적 근거를 마련해 줄 것인지와 같은 일련의 과정들은 모두 우리 사회의 합의로 이루어져야 할 것이다.

참고문헌

김범수 · 이병재 · 박성진 · 이효원 · 오창룡 · 송경재(2021). 인공지능 기술 확산에 따른 민주주의와 사회적 연대의 미래. ≪방송통신정책연구≫.

김일환 · 백수원(2010). 헌법상 투병성원칙에 관한 시론적 고찰. ≪공법연구≫, 제39집 제2호.

백수원(2021). 헌법상 투명성원칙에 기반한 인공지능 규제의 방향. ≪성균관법학≫, 제33권 제2호.

손현주(2019). 인공지능 거버넌스와 민주주의의 미래. ≪사회사상과 문화≫, 제22권 제2호.

서형준(2019). 4차산업혁명시대 인공지능 정책의사결정에 대한 탐색적 논의. ≪정보화정책≫, 제26권 제3호.

엄석진(2021). 인공지능 시대의 민주주의와 행정: 「국민신문고」 민원시스템 고도화 사례를 중심으로. ≪한국행정연구≫, 제30권 제2호.

08
AI 산업에 대한 국가의 역할

AI가 우리 사회와 함께 가기 위해서는 결국 노동 기회의 확대, 고용 안정성 확보, 합리적 근로 조건과 생계 보장, 빈곤의 해소와 적정 소득 분배, 그리고 사회적 통합 등 여러 숙제를 해결하여야 한다. 이를 위해서는 기업이 아닌 국가가 중심이 될 수밖에 없으므로 종국에는 AI 관련 산업의 중심에는 국가가 있을 것으로 내다보기도 한다. 기술의 발전에 따른 광범위한 사회 변화로 과거에는 결코 경험하지 못한 새로운 유형의 위험 가능성이 더욱 높아졌다. 따라서 국가 차원의 기술 발전 방향 제시, 변화의 예측, 적절한 대안 구상이 필요하다.

AI로 예상되는 사회 문제

AI 기술과 로봇 기술의 융합으로 인간의 노동력을 중심으로 한 업무는 자연스럽게 축소 또는 감소되어 나아가 완전히 대체될 수도 있다. 이미 경제의 양적 팽창 또는 성장은 과거에 비해 느리게 진행되고 있고, 경제성장과 생산의 획기적 증가에도 고용 자체는 늘지 않는 현상이 지속되고 있는 것이 오늘날의 현실이다. 이런 상황에서 기술 발전에 따른 생산성 향상, 생산 설비의 자동화 내지 무인화, 서비스업 및 고부가가치 산업으로 변모되는 산업구조, 그리고 단순 노동집약형 산업은 비교적 경제 상황이 후진적 단계에 있는 국가로 이전되는 것을 확인할 수 있다. 특히 실업은 가장 대표적인 현대 국가의 주요 사회문제로 매우 중요한 사회적 관심의 대상이며 단순히 경기 침체에 따른 부수적 현상을 넘어 사회 구조적 문제로 전환된 특징이 있다. 여기에 AI와 로봇이 주도하는 4차 산업혁명이라는 급진적 변화는 경제 발전이 고용 증대로 연결되지 않고, 일자리 감소와 실업이 구조적 문제로 정착되는 현상을 고착화하고 있다.

AI는 산업계에 또 다른 변화를 불러온다. AI 대체 가능성은 기존의 양극화와는 다른 양상을 보인다. 일반적으로 우리 사회에서는 비교적 단순 노무직이 AI로 대체

되기 쉽고 고숙련직은 대체가 어려울 것으로 인식되었다. 그러나 2023년 한국은행 발표에 따르면 회계사, 변호사와 같은 전문 직종도 AI로 대체될 가능성이 높다. 따라서 기존의 고숙련성이 아닌 AI 대체성을 기준으로 해 고용 불안이 심한 직업군과, 고소득이 보장되며 고용 안정성이 확보될 수 있는 직업군으로 양극화될 수 있다. 특히 AI 개발과 같은 높은 기술력을 확보한 고임금자와 그렇지 않은 노동자 간의 격차가 더욱 확대되어 중간층이 축소되는 현상이 두드러질 것으로 짐작된다. 결국 AI 기술을 선점하는 집단과 그렇지 못한 집단 간 분명한 차이를 보일 수 있다는 점이 미래 사회의 특징이 될 것이다.

실업과 일자리의 양극화는 소득 불평등 및 빈곤층 증가로 이어진다. 역사적으로 볼 때 신지식과 신기술은 불평등 심화로 가는 주요 계기가 되었다. 혁명적 변화로 항상 그 혜택을 좇아 부와 권력을 획득 혹은 강화하는 집단과 그렇지 않은 집단으로 양분되는 것은 필연적 현상이다. 기술 혁신은 소득의 증가와 삶의 질 향상과 같은 긍정적 변화를 가져오기도 하나 결국 그러한 혁신에 적응할 수 있는 준비가 된 집단에만 그 변화가 긍정적으로 작용할 뿐이다.

일자리의 축소와 양극화와 소득 불평등 및 빈곤의 심

화 등 여러 사회 문제는 결국 갈등을 증대하고 사회적 비용 증가로 연결된다. 빈부 격차는 일상의 생활수준뿐만 아니라 건강, 보건 그리고 위험으로부터의 보호와 정치적 참여에 이르기까지 전반적 차별의 계기가 될 수 있다. 실업과 빈곤의 심화는 곧 복지 체제의 구축을 위한 비용과 조세 부담의 증대로 이어질 수 있다. 상대적 박탈감에 따른 빈곤층의 불만 및 조세 부담의 상대적 증대와 빈곤층의 복지 의존성 강화로 이어진다. 이러한 빈곤층의 복지 의존은 도덕적 해이를 불러올 수 있으며, 부유층의 불만을 야기할 수 있다. 따라서 궁극적으로 복지 체제 강화를 위한 다양한 제도적 변화가 요구될 것이며, 이러한 변화가 수용되지 않는다면 사회적 갈등이 더욱 심화할 수 있다.

감소되는 일자리를 둘러싼 장노년층과 청년층의 경쟁 심화, 가족 구조의 변화와 가족 부양 책임의 과도한 부담은 AI에서 비롯된 사회문제와 더불어 더 큰 사회적 갈등을 유발할 수 있다. 또 성별에 따른 불평등 또한 미래 사회의 주요 문제로 대두될 수 있다. 특히 여성 일자리 감소에 영향이 더욱 크다는 지적이 있다. 디지털화를 견인하는 과학기술 및 IT와 AI 분야에서 여성 인력 배출이 더디고, 졸업 후 취업률도 남성보다 낮은 상황이기 때문이다.

AI 관련 사회문제에서 국가의 역할

우리 사회의 전체 구조가 노동과 연계된 사회보험으로 구축되어 있음을 감안할 때, 노동이 무너지면 노동에 기초한 개인의 자활을 강조하는 복지 방식의 유효성 유지에 의문이 제기되고 혼란이 발생할 것이다.

이렇듯 AI 문제는 민간이 주도하는 산업이지만 사회의 어느 범위에서 수용할 것인지는 결국 국가 차원에서 다루어져야 할 문제라는 점이 확인된다.

AI가 우리 사회와 함께 가기 위해서는 결국 노동 기회의 확대 내지 고용 안정성 확보와 합리적 근로 조건의 보장, 생계 보장의 문제와 빈곤 해소 및 적정한 소득 분배, 그리고 사회 통합의 달성과 같은 숙제를 해결하여야 한다. 이러한 문제 해결을 위해서는 기업이 아닌 국가가 중심이 될 수밖에 없으므로 결국 AI 관련 산업의 중심에는 국가가 있을 것으로 내다보기도 한다.

다양한 집단의 충돌하는 여러 이해관계를 조정하면서 새로운 AI 시대를 선도하기 위하여 국가를 중심으로 사회 변화의 방향과 산업 체계의 재편 논의가 이루어질 것을 기대하는 것이다. 이에 국가는 사회적 합의 과정으로 변화의 진로를 예측하거나 조정하는 해결사 역할을 맡아야 한다. 과학기술이 개인의 자유와 평등을 저해하는 것이 아닌 오히려 확대하는 결과를 가져올 수 있게 최상의 방향을 제시하는 역할을 수행하여야 한다. 또한 기술 발달에 따른 혜택이 사회 공동체 전체에 균등하게 분배되도록 적절한 역할 수행 의무까지 부담한다.

물론 이러한 국가 중심의 사회가 갖는 문제를 간과해서는 안 된다. 개인의 자유와 권리가 약화하고, 전문적이고 신속한 대응의 필요성을 강조하여 권력 분립의 체계가 와해될 수 있다는 우려가 커질 수 있어서다. 이러한 위험성은 분명히 경계해야 하고 국민의 자유와 권리의 기초를 튼튼히 해야 한다. 다만 국가의 적극적 역할 자체를 부인하기는 어렵다. 이는 최근 여러 국가에서 AI를 법으로 규율하기 위한 입법을 시도하고 있다는 점에서도 떠올릴 수 있다. AI의 문제를 전 인류의 문제로 인식하여 여러 국제기구에서 AI 윤리지침을 정립하고, 유럽의회에서 AI 규제를 위한 법안이 통과한 것 역시 국가 차원의 대응 필요성을 인식하게 한다.

우리 헌법상으로도 이러한 국가의 역할에 대한 근거를 찾는 것은 어렵지 않다. '국민생활의 균등한 향상'과 '우리들과 우리들의 자손의 안전과 자유와 행복의 영원한 확보'를 명시한 헌법 전문, 교육을 받을 권리와 근로의 권리, 인간다운 생활을 할 권리, 환경권, 혼인, 가족생

활에 대한 권리 등 사회적 기본권의 보장, 그리고 균형 있는 국민경제의 성장 및 안정, 적정한 소득 분배, 시장의 지배와 경제력 남용 방지 등 경제에 관한 규정들은 모두 국가가 이러한 새로운 환경에서 적극적으로 개입하여 변화의 방향과 내용을 주도할 근거가 된다.

특히 우리 헌법은 제119조 제1항에서 개인과 기업의 경제상의 자유와 창의에 대한 존중을 기본으로 하는 시장경제를 내세우면서도 동조 제2항에서 균형 있는 국민경제의 성장 및 안정과 적정한 소득 분배의 유지, 시장의 지배와 경제력 남용의 방지, 경제 주체 간의 조화를 통한 경제의 민주화를 위하여 국가가 경제에 관한 규제와 조정을 할 수 있음을 명시한다. 이는 우리 헌법의 경제 질서가 사회정의, 공정한 경쟁 질서, 경제민주화 등을 실현하기 위한 국가의 규제와 조정을 허용하는 사회적 시장경제임을 밝히는 것이다. 따라서 AI에서 빚어지는 문제상황 극복에도 국가의 역할 자체가 완전히 새롭게 변화하는 것은 아니며, 기존의 역할을 좀 더 강화하는 가운데 새로운 수단을 채택할 것이 요청되는 상황이다.

참고문헌

김진곤(2012). 노동복지의 헌법적 기초로서 노동기본권 -근로의 권리와 노동3권을 중심으로-. ≪헌법학연구≫, 제18권 제3호.
백수원(2022). 헌법상 국가의 안전 의무와 기본권 제한의 타당성에 관한 고찰-코로나19 상황에서의 행정조치를 중심으로-. ≪비교법연구≫, 제22권 제1호.
백수원(2016). 헌법상 안전에 대한 국가의 의무. ≪미국헌법연구≫, 제27권 제3호.
송석윤(2001). 국가역할의 역사적 변천 -근대국가의 미래와 관련하여-. ≪법과사회≫, 제20호.
신현석(2018). 4차 산업혁명시대 근로환경 변화에 대한 헌법이론적 접근 및 제도적 개선방안. ≪법제≫, 제67권 제1호.
윤수정(2022). 제4차 산업혁명시대 사회 · 경제구조의 변화와 소득 불평등 완화 방안. ≪헌법학연구≫, 제28권 제4호.
여성정책연구원(2022). 미래 노동시장에서의 여성일자리 전망 및 여성인력 양성방안. 여성가족부 연구보고서.
차진아(2010). 헌법상 근로권의 실질화를 위한 전제와 대안의 모색 -고용 없는 성장의 현실 인식과 그에 대한 대안 모색을 중심으로-. ≪법학논집≫, 제14권 제4호.
한국은행(2023). AI와 노동시장 변화. ≪BOK이슈노트≫, 제2023-30호, https://www.bok.or.kr/portal/bbs/B0000347/view.do?menuNo=201106&nttId=10080585
헌재 2002.12.18. 2002헌마52
헌재 2023.2.23. 2020헌바11등

09
규제된 인간과 규제되지 않은 AI

민주주의는 국가 의사 결정과 권력 행사 과정 전반에 인류의 핵심 가치를 적용하고 있다. 국가 권력은 국가기관의 정보를 공개하고 투명한 의사 결정 과정이라는 절차를 보장하면서 피치자인 국민의 참여로 통제된다. 적어도 민주사회에서는 인류가 이루어 온 국가와 같은 강한 권력조차 민주주의적 가치로 통제되는 셈이다. 따라서 AI 또한 이러한 민주주의적 가치에서 결코 자유로울 수 없다. 민주주의에서 파생되는 투명성 의무에 AI가 구속되는 것은 당연하다.

인간의 권력 통제

한 사회는 그 사회를 구성하는 시민들이 공통으로 원하는 정치체제를 기초로 유지되며, 이러한 신념은 헌법에서 확인된다. 정치체제에 대한 국민 신념의 총체적 반영이 우리 헌법상에는 민주주의로 나타난다. 1인의 지배, 또는 일부 집단의 지배가 비록 고도의 도덕성을 갖추고 공동선을 추구하려는 의지를 발휘해서 이루어진다 해도, 자기 지배 내지 다수의 지배로 귀결되는 민주주의가 더 우월할 수밖에 없다. 그 이유는 민주주의가 국민에게 투명한 정치를 전제하기 때문이다. 민주주의 원리가 구현되면서 국가 의사 결정 과정에서 투명성을 요구받는다. 대표자 선출 과정에서 대표자의 활동에 대한 신뢰성 확보 및 그 통제에 이르기까지 민주적 장치 없이는 그 공정성을 담보할 수 없다. 지속적 감시와 통제, 참여와 책임 추궁을 위해 국민이 제 역할을 하고 권리 행사를 위해 국가기관이 국민 앞에 투명하게 놓여 있어야 한다. 정치적 의사 형성에 대한 국민의 참여는 자유롭고 평등해야 한다. 정치 과정은 개방되고 열린 공간에서 대화와 토론이 이루어져야 한다. 민주주의에서 정치 과정은 투명한 상태여야만 주권자인 국민이 대표자의 활동을 감시하고 비판할 수 있다. 그래야 국회의 의사 결정이 공정하게 이루어지는 것을 담보할 수 있다. 국민은 특정 정치적 쟁점을 이해하고 관련 의견을 형성 · 발표할 수 있는 정보를 얻을 통제 과정을 거친다.

민주주의 가치는 모든 새로 유입되는 기술, 정책, 가치 등에 동등한 기준으로 적용된다. AI와 같은 새로운 기술에도 다양한 사회적 가치의 변화를 제시하지만 그 과정 속에 민주주의 가치가 배제되는 일은 결코 없을 것이다. 오히려 민주주의와의 조화로 AI 산업은 더욱 성장하고 발전할 수 있으며, 사회 속에 뿌리를 내릴 것이다.

국가기관의 의사 결정을 비롯한 공공 정보의 공개, 국가에 대한 감시와 통제는 피치자의 참여와 투명한 의사결정 과정의 공개로 가능하다. 따라서 인류는 민주주의 가치로 아무리 강한 권력도 통제받게 된다.

AI 또한 이러한 민주주의 가치에서 결코 자유로울 수 없다. 민주주의에서 파생되는 투명성 의무에 구속되는 것 또한 당연하다. 우리 사회를 형성하는 대화와 토론, 감시와 통제, 참여와 책임 추궁을 제대로 할 수 있기 위해서는 충분하고 완전한 정보의 확보를 전제 조건으로 하며, 그 자체로 민주주의의 핵심 요건인 셈이다. AI가 이러한 가치를 무시하면 무시할수록 은폐되고 사장될 수 있으며, 적극적 사회 소통은 산업의 활성화를 낳을 것이다.

인류와 함께하는 AI

AI는 빠르게 발전하고 있다. 사람만이 할 수 있다고 믿었던 일이 점점 더 AI로 해결 가능해지고 있다. 이는 인간이 구축한 현재의 법적 환경에서 매우 이질적이며 새로운 존재가 개입되는 상황을 의미한다. 인간 고유의 능력이었던 '사람의 얼굴을 알아보는 일(얼굴 인식 기술)'과 '사람과 음성으로 대화하는 일(음성 인식 기술)'을 AI가 할 수 있게 되었다. 애플(Apple)은 '얼굴 인식으로 잠금 해제'하게 만들었다고 발표했고, 알리바바 계열 금융사 앤트파이낸셜(Ant Financial)은 얼굴만 보여 주면 계산이 되는 시스템을 도입했다. 몇몇 은행은 이 기술을 현금자동입출금기(ATM)에 도입했다. 얼굴만 보여 주면 현금인출기에서 돈을 찾을 수 있다는 의미다. 이러한 시스템 도입이 가능한 이유는 인간보다 더 정확히 인간의 모습을 구별할 수 있는 AI 알고리즘 설계가 가능하다는 의미다.

그 과정에서 AI는 아무런 윤리적 가치나 죄의식과 같은 내재적 고민 없이 모든 인간의 모습과 인식을 답습할 수 있기 때문에 인간의 편견도 답습할 수 있다. 따라서 입사 면접이나 대출 심사에서 여성, 남성, 유색인종, 백인이라서, 혹은 출신 학교나 출신 지역 때문에 AI가 차별하더라도 아무런 불편한 감정 없이 '판단'과 '결정'을 존중해야 하는지 고민하여야 한다. 인류가 오랜 역사에서 구축해 온 기본적 사회 인식과 공감대에서 성장한 현대사회에 AI가 잘못된 인식이나 판단을 가져오는 것을 허용해 줄 수는 없다.

더욱 중요한 점은, 이러한 AI의 결정이나 판단이 사람이 심어 둔 혹은 설계한 알고리즘이 아닐 수 있다는 사실이다. AI가 스스로 데이터에서 학습하며 차별을 배워 가며 잘못된 판단을 내린다면 그 판단은 누구의 잘못인가.

결국 AI의 설계에서 그러한 판단의 통제가 필요하며, 끊임없는 심사와 확인으로 충분히 검증하여야 한다. 이러한 AI 알고리즘의 원리와 설계 심의 전 과정에서 법적으로 충분히 책임질 수 있는 사회 가치를 함양하고 있는지 측정하고 평가하는 시스템이 필요하다.

구체적으로 바람직한 AI 규제는 연구용과 양산용으로 구별될 수 있다. 즉 연구나 실험 단계에서는 연구 활동의 자유가 더욱 강조될 것이며, 규제를 상대적으로 덜 받게 될 것이다. 그러나 전 국민을 소비자로 하는 양산형 AI라면 그 위험도나 고도의 기술을 요하는 점, 국민 생활의 편의를 도모하는 방식 등에서 적절하게 표준화된 규제 모델 제시되어야 한다. 생산 단계에서 지켜져야 할 기본 수칙을 법령에서 단계별로 정하고, 이러한 기준에서 벗어나면 인증을 내어주지 않는 형태, 생산 중단이나 정지, 사업허가 취소 조치 등으로 로봇 생산을 규제하는 방식도 가능하다. 기술적으로도 초기화 장치나, 인간이 쉽게 제어할 수 있는 장치를 탑재하는 것을 의무화하고, 구조 변경에서 사전 허가 등을 받게 할 수 있다. 관리 차원에서 자동차처럼 일정 기간 내 검사를 받게 하는 형식도 가능하다.

국가 차원에서 AI 통제 시스템을 구축하여 정보통신망으로 실시간 관리 · 감독해 문제 탐지가 가능하게 하는 방법도 고려할 수 있다.

2024년 5월 21일 유럽연합이 공식적으로 채택한 'EU 인공지능법(EU Artificial Intelligence Act)'에서도 그러한 고민의 과정을 확인할 수 있다. 수백 페이지에 달하는 이 법안을 간단히 요약하자면 3단계 분류에 따라 AI를 규제한다는 것이다. 사람을 사회 · 경제적 지위에 따라 분류하거나 사람의 생체 정보를 활용하는 시스템 또는 어린이 인지 조작 시스템과 같이 가장 위험한 AI에는 절대 금지되고, 채용 분야에서 서열을 매기거나 기반 시설

관리를 위한 시스템 등 고위험군으로 분류된 AI에는 판매 전 및 사용 기간 중 위험 평가를 지속 실시하게 규정한다. 이러한 위험군에 속한 기술이 아니라면 투명성 의무만 부과하여 비교적 산업 활성화의 길을 터 주고 있다.

결국 규제는 기존 사회와의 융합을 위해서도 그 산업의 활성화를 위해서도 필연적이다. 다른 모든 산업이 그러하였듯이 AI 산업 또한 현재의 규제가 영원히 변함없지는 않을 것이다. 그러나 결국 모든 기술은 규제되고 이를 통해 인간과 함께한다.

참고문헌

김범수 · 이병재 · 박성진 · 이효원 · 오창룡 · 송경재(2021). 인공지능 기술 확산에 따른 민주주의와 사회적 연대의 미래. ≪방송통신정책연구≫.

윤수정(2021). 인공지능과 민주주의에 관한 소고. ≪헌법재판연구≫, 제8권 제2호.

이기완(2021). 인공지능과 미래의 불평등, 그리고 만주주의. ≪세계지역연구논총≫, 제39집.

조원용(2018). 대의제 국회 입법과정에서 인공지능(AI)의 역할: 공익의 '발견'과 '결정'을 중심으로. ≪가천법학≫, 제11권 제3호.

한국정보화진흥원(2019). 신뢰 가능 AI 구현을 위한 정책 방향 - OECD AI 권고안을 중심으로-. 한국정보화진흥원.

한국정보화진흥원(2019). 인공지능 윤리가이드라인 - 일본과 사례를 중심으로 EU-. 한국정보화진흥원.
Kirby, M.(1998). The Future of Courts-Do They Have One?. *Journal of Law and Information Science*. *9*(2).
Wischmeyer, T. & Rademacher, T.(2020). Regulating Artificial Intelligence. Springer.
https://artificialintelligenceact.eu/wp-content/uploads/2021/08/The-AI-Act.pdf

백수원

용인대학교 경찰행정학과 교수다. 성균관대학교에서 법학 박사학위를 받고 한국인터넷진흥원에서 개인정보 유노출 대응, 법제 정비 및 사이버침해사고 예방을 위한 법제도 개선 등을 위해 선임연구원으로 활동하였고, 용인대 경찰행정학과에서 헌법, 행정법 및 AI시대의 개인정보보호 등을 강의하고 있다. 수원시 형사상고심의위원과 경찰청 경위채용시험 자문위원, 헌법학회의 학술이사, 국가법학회, 미국헌법학회 정보이사를 맡고 있으며, 한국정보통신정책연구원(KISDI)이 주관하는 AI 채용 분야 자율점검표 제작에 참여하였다. AI 관련 다수 논문을 KCI에 게재하는 등 학계와 산업계에서 다양한 활동을 이어가고 있다.